読みなおす日本史

僧兵盛衰記

渡辺守順

吉川弘文館

目次

はじめに　五
Ⅰ　僧兵の誕生……八
1　僧兵の起源　八
2　南都の衆徒　一三
3　叡山には大衆　一五
4　僧兵創始の伝説　一九
Ⅱ　南都と北嶺……二四
1　東大寺の僧兵集団　二四
2　興福寺の僧兵勢力　三三
3　延暦寺の大衆三千　四四
4　園城寺の戒壇紛争　五六
Ⅲ　裏頭と兵杖……六九

1　南都と北嶺の争い　六九
2　祇園と清水の対決　七七
3　北嶺の優勢　八九
4　南都の僧兵と貴族　九七

Ⅳ　寺社の勢力……一〇四
1　僧兵と鎌倉幕府　一〇四
2　修験と真言の峰々　一一八
3　天台の流れと新興禅　一三〇
4　西国の僧兵　一三六

Ⅴ　僧兵挽歌……一四三
1　南北朝時代　一四三
2　室町時代　一四九
3　戦国時代　一六〇
4　根来衆の壊滅　一七三

Ⅵ　新僧兵論……一八六
1　僧兵の意義　一八六
2　滅ぶ僧兵　一九四
3　僧兵研究史　一九六
4　僧兵の評価　二〇一
僧兵年表　二〇八
あとがき　二三〇
補　　論　二三一

はじめに

中世の日本史をひもとけば、かならず僧兵の記述がある。高校の日本史の教科書を読むと、寺院の世俗化につれて、権威を維持するために僧兵をたくわえた、と簡単に述べてあるが、僧兵とはいったい何者かということになると、下級の僧侶や、寺社の荘園の農民も含まれる、というあいまいな解説がしてある。さらに、南都六宗と北嶺延暦寺の僧兵集団がその勢力を競い、活動も激しかったとか、神木や神輿をかついで朝廷へ強訴し、聞き入れられないと乱暴狼藉をはたらいたので、困った朝廷が僧兵を撃退するために武士を起用したから、源氏・平氏が成長した……とある。源氏・平氏は古代国家体制の解体に伴って武家社会を成立させた、とも考えられている。とすると、僧兵が日本の暗黒の中世を形成した、ということになるのだろうか。くわしい事情は今のところ、どの歴史書にも明らかでない。

僧兵の横暴はたしかに目に余るものがあり、『源平盛衰記』の「賀茂川の水、双六の賽《さい》、山法師、是《これ》ぞ朕《ちん》が心に随《したが》はぬ者」と嘆いた白河法皇の言葉は、たいへん有名である。山法師というのは、比叡山延暦寺の僧兵であった。

しかるに、その白河法皇は、寺社に寄進をしたり、熊野詣《くまのもうで》をしばしば行った。これは、僧兵を味方にしようと考えたからではなかろうか。とすれば、白河法皇が「ままにならぬ」と言った言葉をそのままに解釈して、僧兵集団は悪者ぞろいの暴力集団である、とは言いきれないようである。

だが、南都の東大寺と興福寺、北嶺の延暦寺と園城寺などは、ことのほか激しい内紛により、堂塔・経巻をしばしば焼いたので、朝廷や国民《こくみん》にとっては、言語を絶する悪行であったろう。果たして、僧兵は悪行のみに走り、乱暴狼藉をしただけであろうか。断片的な中世史料のなかから僧兵に関するものをいくつかとりあげて検討すると、日本史の従来の記述は、僧兵にとって酷評でありすぎるようである。乱行のみに走ったというイメージの強い僧兵譚のなかで、弁慶伝説は明るく輝いている。義経に対する国民感情が英雄崇拝に発展したように、悲劇の主人公義経を死をもって守り続けた忠義ひとすじの弁慶に対して、人々は親愛の情をいだくに至った。

そこで、僧兵の本質とは何か、という疑問をもって、わずかな僧兵史料を探りながら、その成立過程、発展した理由、中世の社会に果たした役割、仏教の展開にとっての功罪などを、できる限り具体的な史実にもとづいて考察したい。

そのように考えると、僧兵の活動によって、鎌倉時代の新しい仏教を支えた民衆の自覚が育ったように思われる。そして、奈良仏教や平安仏教が近世に伝えられたのも、僧兵の活動があずかって力をなしたのではなかろうか。

僧兵を持った宗団が今まで、ともすれば避けてきた僧兵史に正面からスポットをあて、民衆としての僧兵集団を再評価し、むしろ仏教の護持と発展に尽くした点を、できる限り明らかにしたい。

僧兵研究の現代的な解釈はあとでゆっくり自由に考えていただくこととし、本書では、中世仏教史の陰に隠れてその存在を軽視されてきた僧兵を、いわば武士とならぶ中世人の代表者ではなかったかという立場で、その功罪を総合的に評価し、平易な僧兵史を述べてみたいのである。

近年、とくに中世史に目を向ける研究者が多くなり、中世関係の歴史書も数多く出版されているが、石井進氏が岩波講座『日本歴史8』（昭和五六年）で述べられたように、「中世とは日本史上もっとも厄介で理解しにくい時代、イメージのつかみにくい時代」であり、「中世社会自体の複雑さ、難解さ」に加えて、「中世の社会」は「多元性」に満ちた時代で、要するに、「混沌とした社会」なのである。

そこで、僧兵史を軽視しては完全な中世史は理解できないと考え、もう一つの中世史を僧兵の時代として述べたいのである。僧兵は、藤原道長の時代から本格的に活躍を始め、豊臣秀吉による根来寺攻めで、壊滅した。このおよそ五百八十年間が僧兵の時代であり、日本の中世だと考えたい。ならば中世を正しく理解するためにも、僧兵史を解明しなければならない。

Ⅰ　僧兵の誕生

1　僧兵の起源

　僧兵と推定される存在が初めて日本で登場するのは、仏教の伝来から遠からぬときに始まるのだが、中国においては『魏書』にでてくる。

　鮮卑《せんぴ》拓抜《たくばつ》族が華北を統一して北魏と称したころ（四三九年）、世祖太武帝が西方の長安を征討したとき、寺院に兵器のあることを発見した。ちょうど天下を統一して、仏教をも統制下におこうと考えた時代なので、寺が武器を持っていたことをとがめ、謀反をするつもりだろうときめつけ、すぐに仏書や仏像を焼き、僧侶を殺し、廃仏を断行した。寺に武器があることは、僧兵のいた証拠であろう。

　また、中国で成立したといわれる大乗仏教の根本経典である『梵網経《ぼんもう》』には、「一切の刀杖《とうじょう》・弓《きゅう》箭《せん》・鉾斧《ぼうふ》、闘戦の具」などを寺にたくわえてはならぬと戒めているので、仏教の本家インドの僧伽《さんが》集団のなかにも兵力のあったことが想像される。

　そういえば、仏像のなかの不動明王とか、四天王像などは、忿怒《ふんぬ》の形相をし、槍や刀剣を持ち、なかには人頭をぶら下げている。絶対平和を主張する仏教も、まるで僧兵の元祖と思えるような仏像をまつっているのである。なかでも、福井県若狭の明通寺に安置されている降三世明王《こうざんぜみょうおう》（煩悩の根本である貪欲・怒り・迷いを降伏させる明王）などは、四面八臂像で、頭髪は火炎のごとく天を衝き、四つの顔に目が三つずつあり、八つの腕のうち、二つは前で結んで忿怒の印を結び、六つは左右に伸びて弓・矢・鉾《ほこ》・棒・杵・索《さく》を持っている。典型的な僧兵の姿である。武という文字は戈《ほこ》を止めるの意味で、平和を守ることだというが、悪魔を退治することも必要なので、武力で仏法を護持するという考えが生まれたのも当然である。だから、戦争を悪魔の所行と見て絶対反対し、平和を祈ることを経典や論書で主張し続けているのである。

さて、大宝律令のなかに、二七か条の戒めがあり、そのなかに「僧尼は百姓を惑はし、或は兵書を読み習ひ、人を殺し奸盗を行ひ、または聖道を得たと詐称するが如き者は官司に命じて科罪す」とか、あるいは「斎会《え》（僧尼を集めて斎食を施す法会）に、奴婢・牛馬・兵具等を布施に充」てることを禁じた条項がある。これらは、戒律にもとづく禁止事項であるが、寺院に武力が育つことを予想したものである。

ところで、寺院の荘園がどうして増加したかについては、いろいろ考えられるが、朝廷や貴族は私有地を争って拡張し、荘民（荘園の耕作者）や荘官（荘園を管理する役人）もふえたので、自然の成り行きとして多くの財産を自分で守らなければならなくなった。その自衛手段が、寺院では僧兵に発展したのである。

僧兵の源流と考えられるものに、南都（奈良）の大寺院の「奴婢」や「強力者《ごうりきもの》」がある。養老令の解説書である『令義解』によると、寺院には「三綱・師主・僧尼・童子・家人・奴婢」がいた。『東大寺要録』には、天平勝宝二年（七五〇）に「奴婢二百口を以て、東大寺へ施入（寺社へ財物などを納めること）し」とあり、子々孫々にわたって寺のために働き、「宝蔵の辺に侍して盗賊失火の畏れを防ぐ」とある。「奴」の仲間がガードマンであったことはたしかだから、「奴」を僧兵の源流と考えてよいだろう。

諸大寺にいた「奴」の数を天平年間の記録で見ると、法隆寺は「家人百二十三人、奴婢五百三十二人」とあり、法興寺は「奴婢六百六十二人」、四天王寺は「奴婢二百七十八人」、東大寺は「奴婢四百人」、薬師寺は「奴婢百二十二人」、となっている。これらは『大日本古文書』の記載なので、実数と違うかもしれない。しかし別の記録には、四天王寺の「奴婢」について、物部守屋が蘇我馬子と戦って敗れたときに、守屋の従者「三百人」を移したとあるので、諸大寺の人数はまったくのでたらめではあるまい。そして、この「奴」たちが僧兵になったこともたしかなようである。

最も古い僧兵の史料として、『続日本紀』の天平神護二年（七六六）のくだりに、天平宝字八年（七六四）の記録がある。反逆の露《ば》れた恵美押勝《えみのおしかつ》（藤原仲麻呂）が近江国（滋賀県）に逃げたとき、「僧・沙弥、および錦部《にしきべ》・藁園《わらぞの》の二檀越《だんおつ》（僧や寺のため金品を寄進する信者）、それに諸寺の奴ら」が官軍に協力して押勝を殺すことができたので、功賞を与えた、とある。官軍に協力した「僧・沙弥」や「諸寺の奴ら」は、いうまでもなく僧兵のはしりであった。

また、勅撰の歴史書である『三代実録』には、貞観十六年（八七四）十月に、沙弥《しやみ》（仏門に入ったばかりの小僧）の教豊と善福とが、丹波国（京都府）船井郡で「濫僧四十余人」をつれて勧学院使（藤原氏の私立大学の使者）を殺し、民家二戸を焼いたとある。「濫僧」というのは、僧侶と武士とを兼ねたもので、僧兵のことである。さらに、皇円著の史書『扶桑略記《ふそうりやくき》』にも、寛平五年（八九三）九月のくだりに、新羅の賊が対馬へ来襲したとき、対馬の島分寺の上座面均が兵を率いて奮戦したことを、大宰府へ報告した、とある。それから、藤原実資の日記である『小右記』には、寛仁三年（一〇一九）六月のくだりに、高麗の賊が来襲した際、壱岐の講師（地方に派遣された官僧）の常覚が奮戦した。そこで「身は在俗に非ずといへども、其忠は隠るべからず」と記した注進状が大宰府に提出されたとある。

これらの史料には僧兵とは書いてないが、明らかに僧兵の源流と考えられ、このあとに南都北嶺の僧兵が本格的に出現するのである。

2 南都の衆徒

南都（奈良）の僧兵の行動については時代を追って詳述するつもりだが、どうして南都の僧兵が北嶺（比叡山）とともに有力な集団として発展したのであろうか。

いうまでもなく、奈良は「青丹よし寧楽《なら》の都は咲く花の匂ふがごとく今盛りなり」とあるように七代七十余年の帝都で、平城京の殿舎と並んで六宗（三論・成実・法相・倶舎・華厳・律の諸宗）の寺院が甍《いらか》を競って栄えた都である。仏教が日本へ伝来し、推古天皇の時代に聖徳太子が仏教の興隆に尽くすと、大寺院が建立され、宝物財産の増加とともに寺院の人口が増えた。聖武天皇や光明皇后も、仏教に帰依し、全国に国分寺・国分尼寺を建て、その総国分寺として東大寺を建立して大仏を鋳造した。その結果、仏像の鋳造や経典の書写などに莫大な国費が費やされた。国分寺には「封戸五十戸、水田十町」、国分尼寺には「水田十町」が施入された。寺田が増加するにつれて、農耕者として農民を多く雇った。

『続日本紀』の天平勝宝元年（七四九）の記録には「大安・薬師・興福、大和国の法華寺、諸国分金光明寺に限り、寺別に墾田一千町。大和の国分金光明寺に四千町。元興寺に二千町。弘福・法隆・四天王・崇福・新薬師・建興・下野《しもつけ》薬師・筑紫観世音寺は寺別に五百町。諸国の法華寺は寺別に四百町」とあるように、とくに奈良の諸大寺は広大な土地を所有するようになった。神社も「神戸《しんこ》（神社の雑務に従う者）・神田《しんでん》」を持っていた。これらの寺社は、多くの資産を持ち、自治権が認められていた。したがって、自衛のための僧兵が必要となった。

そこで、ごく初期における奈良の僧兵たちの史料を捜してみよう。「東大寺奴婢籍帳」によると、天平二十年（七四八）に大原真人《おおはらのまひと》が「奴一人」と「婢三人」を、東大寺へ渡したとか、『続日本紀』には天平勝宝元年（七四九）に藤原可是麿《かぜまろ》が「奴百人、婢百人」を東大寺へ出したという記録がある。このようにして東大寺の「奴」がふえた。

「東大寺奴婢籍帳」には、宝亀三年（七七二）の記録として、「東大寺三綱可信牒状《さんこうかしんちょうじょう》」（東大寺を代表する寺主、寺内の僧尼を監督し寺務を総括する上座、僧衆の雑事を監督指導する都維那《ついな》の三大職に関する書状）があり、これを見ると、先述の東大寺の「奴婢四百人」の内訳がわかる。天平年間（七二九―七四八）と宝亀三年とでは、すこし時代が違うが、「奴婢」の出身別がよくわかる。

宝亀三年の記録の一部を紹介すると、次ページのようである。

これらの「奴」たちの労働によって荘園が経営され、正丁《しょうてい》（荘園の若い農耕者）を組織し、いざ非常時という際には兵士としてはたらかせたのである。

東大寺の「正倉院文書」の大宝二年（七〇二）十一月の記録によれば、「正丁壱百五拾参の中、兵中参拾弐、兵士参」とある。さらに、天平元年（七二九）の計帳の断簡には「近江国古市郷戸主大友

合奴婢　二百二人
　　奴九十七人　婢壱百五人
官納奴婢壱百五十八人
　　奴七十七人　婢八十一人
諸国買貢上奴婢三人
　　奴二人　婢一人
寺家買奴婢二十三人
　　奴九人　婢十四人
大宅朝臣可是麻呂貢上奴婢十八人
　　奴九人　婢九人
逃亡奴婢十四人
　　奴九人　婢五人
見定《けんじょう》（献上）奴婢壱百八十八人
　　奴八十九人　婢九十九人

但波主（欠字）吉備麿、戸主実合口、合差料、戸主大友但波吉備麿　年三十九、正丁、健児《こんでい》」とある。

これらの記録のなかに兵中・兵士・健児などとあるのは、荘園から徴集された武士で、後に僧兵となるのである。

ところで『慈恵《じえ》大僧正伝』によると、比叡山の良源が、奈良の興福寺で行われた維摩会《ゆいまえ》（南都三会《さんえ》の一つの法会で、維摩経を講読する）に出かけた際の記録がある。法会では、講師の役をつとめる天台宗宝幢《ほうとう》院別当の基増《きぞう》と、奈良法師の義昭《ぎしょう》らとが、法論を行なう予定であった。若き日の良源は基増に従う威儀僧として加わった。叡山を出発した良源らの一行が、山城国（京都府）から大和国（奈良県）へ入る奈良坂のあたりに来た時、突然、頭を布で包み刀杖を持った悪僧が現れて襲ったという。この記述は、承平七年（九三七）ごろ、すでに奈良に僧兵がいたことを示している。

また、天暦三年（九四九）に東大寺の法師が別当（最高の責任者）寛救のことで乱闘した事件や、安和元年（九六八）に東大寺と興福寺とのあいだの寺田の争いなどによっても、初期の奈良の僧兵の活動が明らかである。そして、徐々にではあるが、興福寺の僧兵が強力なものになると、春日社の神木をかつぎだして都へ上り、強訴を行うようになる。神木入洛の日記によれば、安和元年（九六八）から康暦元年（一三七九）の四百年間に、入洛二十回、動座七十三回もの強訴をくりかえしている（四一ページ参照）。

奈良の僧兵は、東大寺・興福寺を中心に、大安寺・元興寺などにも発生した。とくに藤原鎌足をまつった多武峰《とうのみね》は、たいへんな僧兵勢力を擁するようになった。

3　叡山には大衆

僧兵と聞けばすぐ南都北嶺を連想するほど、比叡山に僧兵勢力が栄えたことは事実だが、なぜ比叡山に僧兵が誕生したかとなると、いろいろ考えねばならないことが多い。

南都の僧兵は、寺院の発展によって、りっぱな堂塔が建ち、仏像・経巻などのほか、多くの財宝が寄進されたので、それらを守るために誕生した。比叡山における僧兵も、南都と同じ理由で発生したけれど、最も大きな僧兵集団に成長した原因は、単に財宝を守るためだけではなかった。

北嶺比叡山の僧兵の源流をたずねてみよう。

『天台座主記』巻一に「院内の雑事を以って、弟子の僧円修に譲授す。私《ひそか》に座主と号す。然るに大《だい》衆《しゅ》が許さず、公家に上奏す。仍《よ》って勅使右大弁《うだいべん》和気朝臣真綱《わけのあそんまつな》が登山し其の職を止む。之に因って円修は大和室生寺に移り住む」とある。第一代座主の義真が弟子の円修に座主を譲ろうとしたところ、最澄の直系の弟子たちが憤り、反対した。そのとき僧兵も行動を起こしたのである。

このことは、最澄の弟子の光定《こうじょう》の『伝述一心戒文』にも、つぎのように書いてある。

天長十年（八三三）十月二十四日、延暦寺は大納言藤原三守《ただもり》に対し、「義真が入滅したので、その後任は円修でなく、円澄が座主になるのが当然だから、円修にすぐ辞職するよう通達してほしい」と訴えた。そこで三守は、天皇に奏上し、和気真綱を勅使に任じ、円修にすぐ職をやめるよう伝えたので、円修ら五十余人が叡山から大和の室生寺へ移ったのである。

これらの記述によると「大衆」つまり僧兵は、後継者争いに登場したのであった。

比叡山延暦寺の開祖である伝教大師最澄は、みずから「老病僧」と称するほど体力の弱ったのを感じたので、後事を弟子に托した。弘仁三年（八一二）五月八日に示した遺言によれば、「山寺の総別当は泰範、又泰範は文書司を兼ねよ。伝法の座主は円澄、一切経蔵の別当は沙弥孝融、近士主《きんじしゅ》は茂足《しげたり》、雑文書の別当は壬生維成《みぶこれなり》」とある。このうち、泰範は期待されたにもかかわらず、弘法大師のもとへ行ったまま帰ってこなかった。慈覚大師円仁はまだこのとき叡山にいなかった。円仁は弘仁五年の年分度者（各宗の一年間に許される得度者）として叡山へ入ったのである。同年の年分度者は、遮那《しゃな》業（顕教・法華経専攻）が円修で、止観《しかん》業（密教・大日経専攻）が円仁であった。

泰範が叡山へもどらないことがわかると、最澄は叡山の後事を円澄に托した。円澄は武蔵国（埼玉県）の出身で、俗姓は壬生氏といい、最澄より五歳年下で、奈良の大安寺にいた秀才であった。

弘仁三年の遺言では、後継者を円澄にするとあったので、光定らは円澄と義真とのどちらを首座にすべきかわからなかった。光定は『伝述一心戒文』で「義真法師は上﨟、円澄法師は下﨟」と言い、義真を無視して円澄が後継者に指名されたことに反対した。このときは、義真が相模国（神奈川県）へ行って留守だったので、円澄が選ばれたのである。

弘仁十三年（八二二）五月十五日、最澄は天台宗のいっさいを義真に托した。義真は、宝亀十年（七七九）の生まれで、円澄より十歳年下であったが、最澄が求法のために唐へ渡ったとき、訳語僧として活躍した。「最澄は心形久しく労して、一生ここに窮まれり、天台の一宗は先帝の公験《くげん》に依り、同じく前《さき》の入唐天台受法の沙門義真に授くる」とあり、比叡山寺の印を義真に渡し、院内のことは一乗仁忠・一乗道叡・円仁に一任し、当分のあいだは上座の仁忠と順円とに任せる、というものであった。

義真も円澄も、最澄の臨終のときには同席していた。最澄は死ぬ前に、止観業を義真、遮那業を円澄、南都や宮中などとの交渉は光定、延暦寺の経営は仁忠と決めていたようである。しかし、最澄入滅後は、弘仁十三年の遺言に従って、義真が比叡山のいっさいを総括することとなり、天長元年（八二四）六月二十二日、義真は初代の天台座主となった。

この義真が天長十年（八三三）七月四日に死んで、叡山のいっさいが円修に托されたので、『天台座主記』に記された後継者争いの事件が起こったのである。僧兵が登場して、円修を退け、円澄が座主になったのである。そして、第三代座主は円仁、第四代座主は円仁の弟子の安恵、第五代座主は義真の弟子の円珍と続くのである。

ここに至って、円仁系と円珍系との双方の弟子たちが対立することになった。つまり、延暦寺（円仁系）と園城寺（円珍系）との激しい座主継承の対立抗争が、僧兵史の全盛時代を招いたのである。円仁と円珍との対立が円澄と義真との対立に始まるとすれば、比叡山の僧兵の誕生は後継者争いに起因したと考えられる。天皇家の皇位継承の争い、摂関家の相続争い、源平の政権争いなど、日本史をしらべると、血なまぐさい争いがあったことがわかる。仏教界も例外でなく、争いをくりかえしたのである。

ところで、六国史の一つの『三代実録』によると、貞観八年（八六六）六月二十一日に、四か条の禁制が朝廷から叡山へ出された。その第三条に、比叡山で馬を養うな、とある。すでに律令の「僧尼令」には、僧は牛馬・兵具などの布施を受けてはならぬ、と定めている。叡山の僧兵が馬に乗った姿を絵で見ることがあるが、第三条は僧兵の出現を抑えるための禁令であった。

僧兵の実態はこの時点ではくわしくはわからないが、円修の一統を叡山から追いだした「大衆」や、四か条の禁制によって、平安時代の前期にすでに、叡山には僧兵がいたことが想像できるのである。

4　僧兵創始の伝説

天台座主の後継者争いが発端となって、叡山の僧兵は一つの大きな勢力に発展した。ところで、僧兵誕生の伝説として、良源創始説がある。

それは、『山家要記浅略』のなかに「衆徒武門事」という記述があって、「慈恵大師（良源）が御治山の時、彼の御釈に云ふ。文無ければ則ち上に親しむの礼無く、武なければ則ち下に威するの徳無し。故に文武を兼ねて天下を治む」とあり、「修学に耐えざる愚鈍無才の僧侶を選び、武門一行の衆徒と成す」とあることによる。そして、「像法《ぞうほう》（末法の前の時代）の上古は世を挙げて法を崇び信を専らにしたが、末法になって信を疎くし、法をさげすんできたので、叡山においては武門の僧徒によって、荘園で起こる騒動をおさめ、仏法のための燈明料や寺領荘園などを守り伝えて、正法が世に行われるようにした、というのである。

この記述によって、第十八代座主良源が僧兵を組織した、という伝説が生まれたのである。ところが、『山家要記浅略』の奥書によると、良源の時代から四百年も後の応永六年（一三九九）二月十一日付で、法眼春全が古記録を集めたものだと書いてある。その真偽はたいへん疑わしい。

しかし、室町時代の文明元年（一四六九）に京都の南禅寺の蘭坡景茝《らんぱけいしん》が書いた『慈恵大師伝』に、良源が円融天皇の天延三年（九七五）に僧兵制度を創始した、とある。その理由として、「文殊菩薩の本誓《ほんぜい》を標識するものは一に利剣、二に経巻」と考えた良源が、仏法を護持するためにやむをえず山徒（叡山の僧兵）、に弓矢を持たせた、と述べている。

これらの考えを継承して、江戸時代に書かれた『大日本史』には、「悪僧ヲ聚《あつ》メテ専ラ武技ヲ講ジ、号シテ衆徒トナス、僧兵コレヨリ起ル」と書かれ、これが一般に知られて良源が僧兵を創始したと言われるのである。「僧兵」という語が初めてでてくるのは、実に『大日本史』からである。

ところで、『太平記』巻八の「山徒京都ニ寄スル事」のなかに、元弘三年（一三三三）三月二十六日、「大塔宮ヨリ牒使ヲ立テラレテ、山門ノ衆徒ヲゾ語ラハレケル」とあって、「一山ノ衆徒大講堂ノ庭ニ会合シテ」討論したが、その内容の一部に、良源が僧兵を創始した、とある。すなわち、「慈恵僧正貫頂（天台座主）タルノ後、忍辱ノ衣ノ上ニ、忽チニ魔障降伏ノ秋ノ霜ヲ帯ブ。シカリシヨリコノカタ、妖ゲツ天ニアラワルルトキハ、則チ法威ヲ振ツテ、コレヲ払ヒ、逆暴国ヲ乱セバ則チ神力ヲ借ツテ之ヲ退ク。カカルユヱニ神ヲ山王ト号ス」と。さらに、「山門、已ニ来ル二十八日、六波羅へ寄スベシト定ケレバ、末寺・末社ノ輩ハ申スニ及バズ、所縁ニ随ツテ近国ノ兵馳セ集ル事雲霞ノ如ク也。二十七日、大宮ノ前ニテ着到ヲ付ケルニ、十万六千余騎ト注セリ」などとあって、良源が制定したとする僧兵集団の活躍が記述されている。

辻善之助著『日本仏教史　上世編』では、良源の僧兵創始は伝説だとし、勝野隆信著『僧兵』でも「良源が僧兵の創始者でないことは明かである」と述べ、「山家要記浅略や慈恵大師伝の、僧兵の養成者を良源とするの誤り」なることを主張された。その理由は、良源の最古の伝記である『慈恵大僧正伝』や仏教史書の『元亨釈書』の「良源伝」にこのことが掲載されていないことや、良源が僧兵を創始したという『山家要記浅略』などの文献が南北朝時代よりずっと後のものだからである。

そして何よりも、京都の廬山寺《ろさんじ》に伝わる、良源の「二十六箇条制式」のなかで、きびしく僧兵の行動を禁止していることが、良源の僧兵創始を〝伝説〟だとするおもな論拠である。

制式の第十八条には「裹頭《かとう》妨法の者を禁制すべき事」とあり、その内容を要約すると、「年来、叡山において修法や講義の行われる時、日暮れに、裹頭の僧が庭上に満ち、穢れたまま堂中に入り、もし制すれば暴言を吐き、刀杖をふりあげて、法儀を妨害する者が多かったので、康保元年（九六四）八月一日に禁制したが従わぬ者があった。そこで天禄元年（九七〇）に再び禁止する。修正会・二月会・不断念仏などにおいては、必ず衣服を整えること。覆面などは一切禁ずる。もし背く者があれば注進せよ。ただちに処断する」というのである。

また、その第十九条には「兵杖を持つて僧房に出入し、山上を往来する者を捕へて公家に進むべき事」とある。その内容を要約すると、「兵器は在俗の武士が持つもので、僧侶は経巻を持つべきである。しかるに、叡山の僧は党を結び、群をなし、刀剣を懐中にして僧房に出入し、弓矢を帯びてみだりに往来し、傷害を行うこと屠殺者のようである。その暴悪なること酒に酔うた象のようである。かくては一宗の恥辱、仏法の破滅、世間の非難の的である。今後は断じて刀剣や弓箭《や》を捨て、仏教者の本来に立ち帰るべきである。もしこれに背いたら速やかに捕えて官庁に送れ」というのである。

このように僧兵の行動を禁止しているので、良源が僧兵を創始したのではない、というのであるが、しかし、深くうがって、「二十六箇条」を検討すると、良源は僧兵の悪い行動を禁じているが、護法のための僧兵集団はむしろ組織して統制下においた、とも考えられる。その証拠ともいうべき物語が、説話文学の『今昔物語集』にある。巻三十一の「祇園、比叡山ノ末寺ト成レル語《こと》　第二十四」である。内容を紹介しよう。

祇園は山階寺（奈良の興福寺の前称）の末寺で、その東隣に比叡山の蓮華寺があった。祇園の別当の良算が蓮華寺の庭の美しい紅葉が欲しくて使者を出したところ、蓮華寺側で断ったので、使者は折らずに帰った。すると、良算は怒って、改めてその木をみな伐ってこいと使者に命じたので、使者が蓮華寺へ行くと、すでに察知した蓮華寺では紅葉を根元から倒してしまった。それを聞いた良算は、いっそう立腹した。

蓮華寺は、すぐにこの事件を天台座主に報告した。座主の良源が良算を呼びつけて注意を与えようとしたが、良算は山階寺の末寺だからと言って叡山へ登らなかった。そこで良源は祇園の神人らに、祇園を叡山へ寄進するという書状に署名させ、良算の追放を迫った。良算は、平致頼《むねより》を雇って兵を集め、叡山に反抗した。良源は、叡山の西塔にすむ平南房の睿荷《えいか》を祇園に派遣して良算を追い出し、睿荷を祇園の別当とした。山階寺の大衆も蜂起したが追い返され、これ以後、祇園社は比叡山の末寺になった。

これは良算の悪事から起こった事件であるが、良源が祇園へやった睿何によって良算を追放したことは、明らかに僧兵の活動である。『今昔物語集』を引用したので、説話文学では真実性が乏しいといわれそうだが、この事件は、天延二年（九七四）七月のことで、『日本紀略』や『慈恵大師伝』にも書いてあるから、史実と考えてよいであろう。

これらの記録を再検討すると、僧兵の悪行を禁じた良源は、護法の僧兵を組織して正しく指導しようとしていたことがわかる。『元亨釈書』に「三千衆徒を正す」とあるから、叡山の僧兵は、良源の時代からいちだんと成長したと考えてよいであろう。

歴史書の『扶桑略記』では「叡山大衆、数千の軍兵」とか「叡山僧徒数千人」といわれ、『慈恵大僧正伝』では「山僧二千七百人」とあり、『源平盛衰記』では「学生《がくしよう》二千、堂衆《どうしゆ》二千」とある。学生は法務を担当し、堂衆は寺務をしていたので、叡山在住者のすべてが僧兵というわけではないが、良源時代からかなりの僧兵のいたことはたしかである。

Ⅱ　南都と北嶺

1　東大寺の僧兵集団

明詮を襲う

南都六宗とは、倶舎《くしゃ》宗・成実《じょうじつ》宗・律宗・法相《ほっそう》宗・三論宗・華厳《けごん》宗のことで、その代表的な大寺院は、東大寺（華厳宗）をはじめ、興福寺（法相宗）・大安寺（現、真言宗）・元興寺（華厳宗）・西大寺（現、真言律宗）・薬師寺（法相宗）・唐招提寺（律宗）・法隆寺（現、聖徳宗）などである。ところで奈良の諸大寺は、古くは何宗と決まらず、どの寺にも六学衆がいたので南都六宗と称したのである。

これらの諸大寺のなかで、僧兵史の上からは東大寺と興福寺とが双璧である。歴史的にみて、僧兵の勢力が強く、華々しい争いをした寺といえば、第一が興福寺であるけれど、東大寺は、聖武天皇の勅願寺で、また全国に設置された国分寺・国分尼寺のいわば総国分寺でもあるから、官寺としての東大寺の僧兵から述べることにしよう。

東大寺に僧兵集団が成立した過程をしらべると、古代の豪族の荘園管理の場合と同じように、国司・郷司の横暴や、流浪の徒による掠奪などから、財産と権利を守るために、寺田の管理をした人たちが、僧兵となった。東大寺では、奴婢の一部や荘園従事者のなかの希望するものに対して、官寺の僧兵として訓練を行った。したがって、平素は農耕に従事したり、寺の雑事をしたりしていたので、乱暴などはなかったようである。

ところで、『日本高僧伝要文抄』第三に「音石山大僧都《おんせきざん》（明詮）伝」があり、その一節につぎのような記録がある。

文徳天皇が即位された八五〇年ごろのことであった。先帝の仁明天皇の遺詔によって、元興寺の明詮が僧綱《そうごう》（全国の僧尼を統轄し、法務を統べる官）に任命された。すると、これを妬《ねた》ましく思った者が反対運動にのりだし、明詮を陥れようとして、「東大寺・興福寺・大安寺の雑職人《ぞうしきにん》・強力者六十人、各々兵杖を帯び」て明詮を襲った。大寺院の雑務担当者である雑職人（雑人ともいう）らが武装して「使者八人に、その兵士を引率させて、元興寺安房院に来り、各々怒気を発し、悪口を言い、喧嘩をし、その威猛」を示したのである。

この記述によると、東大寺の雑職人が武器を持って、暴力を奮ったことが明らかである。しかも明詮を襲ったときは、東大寺がリーダーシップをとり、興福寺や大安寺の僧兵を誘って行動した。「音石山大僧都伝」には「明詮は正しくて、明詮を襲った雑職人は誤っている」とある。下位にあった元興寺の明詮が早く出世して僧綱になったので反対し、東大寺の主張を通そうとして起きた襲撃事件だから、諸大寺間の紛争ともとれる。

その後、明詮は八十三歳まで生きた。弟子たちに囲まれて、仏恩報謝の毎日を過ごし、天寿を全うした、と伝記にある。

このほか、東大寺の初期の僧兵の記録を探すと、平安時代の詩文・記録を三善為康が編集した『朝野群載《ちょうやぐんさい》』には、朱雀天皇の承平五年（九三五）に、東大寺の雑人が乱行したので、検非違使《けびいし》が出て取り締まったとある。また、『日本紀略』には、冷泉天皇の安和元年（九六八）に東大寺と興福寺とが寺田のことで争ったという（三〇ページ参照）。このころから、東大・興福の両寺が争いを始めたようである。

このように見てくると、初期の僧兵たちは、寺社の財産や特権を守るために、やむをえず雑人たちが武装した程度だったが、事件が重なるにつれて、大寺院間の勢力争いとなり、自衛のための争いから、だんだん攻撃化するという悪行も現れるに至った。

初めての強訴

東大寺の「奴」集団が僧兵として本格的に活動するのは、興福寺との争いが激しくなるころであるが、『日本紀略』によると、天暦三年（九四九）の正月十六日に、東大寺の別当に任命された寛救に反対して同寺の法師たちが五、六十人ほどで朝廷へ取り消しを要求し、京へ上った。そのうち十人ほどが式部《しきぶ》少録《しょうろく》賀陽真正《かやまさただ》の邸を宿舎にして泊まったが、怨みが嵩じたのか乱闘事件となり、死人がでた。なぜ反対したかは「不治の由」とあるだけでくわしいことはわからないが、初期の僧兵の活動した具体例であることはたしかである。寛救の別当職を取り消す訴えで、初めての強訴といってよいであろう。

また、天徳三年（九五九）三月十三日に、京都の東山の祇園の感神院《かんじんいん》と、法相宗の清水寺とが乱闘騒動を起こし、検非違使が出て取り締まったという記録がある。東大寺だけでなく、僧兵の行動があちこちで頭角をもたげてきたのだ。

これらの事件が起こるすこし前の延喜十四年（九一四）四月二十八日に、三善清行が政治について「十二箇条意見封事」を醍醐天皇に提出した。そのなかに、僧兵について述べた条項があるので注目しておきたい。

三善清行は平安朝の学者で、従四位上式部大輔となり、文章博士《もんじょうはかせ》（律令制の四学科の一つで文章道を担当する大学の教官）と大学頭《だいがくのかみ》（大学運営の責任者）とを兼ね、明法道《みょうぼうどう》（律令制の四学科の一つで法律学）や算道にすぐれ、詩文の才能にも秀でていた。意見封事のほかに、『円珍伝』『善家秘記』などの著書があり、たいへん有名である。

意見封事には前文があって、律令政治がだんだん崩れて国の財政が困難になったので、それをいかに克服するかについて十二か条の意見を建てたと述べている。推古天皇以来、寺院の建立に国費が使われ、平安時代になっても長岡京や平安京の建設に費用をずいぶん使ったので、財政再建が急務だったのである。

一、水旱《すいかん》をなくすため、神仏に祈願し、豊作を求むべき事
二、奢侈（ぜいたく）を禁止することを請《こ》うの事
三、諸国に勅して人口に随って口分田《くぶんでん》を授けることを請うの事
四、大学の学生に食料を加え給わることを請うの事
五、五節《ごせち》（大嘗会《だいじょうえ》などの行事）の妓員《ぎいん》（舞を演ずる女性）の定員を減ずることを請うの事
六、旧制のように判事（裁判に従う役人）を増やすことを請うの事
七、百官の季禄《きろく》（賞与）を充て給うことを請うの事
八、諸国の少吏ならびに百姓の告訴・訴訟により、朝使を差し遣わすことを停止することを請うの事
九、諸国の舎人《とねり》・諸司などの勘籍人《かんじやくにん》（雑色人で課役を免除された者）の定数を置くことを請うの事
十、諸国の検非違使および弩師《いしゆみし》（兵士に大弓の射撃を教える者）には、明法道の学生か、六衛府（宮城の警護にあたる官府）の舎人のなかから補任することを請うの事
十一、諸国の僧徒の濫悪、および宿衛の舎人の凶暴を禁ずることを請うの事

十二、廃止した播磨国（兵庫県）魚住（明石郡）の泊《とまり》を改修することを請うの事

右は各条項の見出しだけを要約して示したもので、くわしくは阿部猛氏の『摂関政治』（教育社・昭和五二年）などに詳説されているので省略する。

第十一条について、その内容を見たいと思う。要旨を述べれば、つぎのようである。

諸国の僧徒が濫りに悪をなし、さらに宿衛の舎人が凶暴するので、禁止したいことを請うの事。

諸寺の年分度者と、臨時の得度者が一年のうちに二、三百人となり、そのうちの半分以上もの者が邪悪な輩である。また、諸国の百姓で課役をのがれ、租調（税金）を納めないでおこうとする者が、自分で勝手に髪を切り、法服を着る。この輩は年とともに多くなり、天下の三分の二が頭をまるめた。これらの僧は家に妻子がおり、形は沙門であるが心は屠児のようで、しかも、そのなかで悪い者は群盗をなし、銭貨を鋳造し、天の刑を恐れぬほどだった。濫悪の僧が多いので、すぐ追捕し、度縁戒牒（僧としての資格である得度受戒をした公的な証明書）を取り上げ、乱行の僧を禁止せよ。

三善清行の言葉はすこし誇張されているようだし、乱行の僧がすべて僧兵とはいえないけれど、時代の風潮としては僧兵の悪行が現れてきたと思われる。しかし、「勝手に髪を切り、法服を着る」いわゆる私度僧のあることを認めながら、「すぐ追捕し、度縁戒牒を取り上げ」と言っているのは、矛盾している。勝手に僧を主張するものは、度縁戒牒などは偽物しか持っていないはずである。この考

証は専門学者に任せることにしたい。

ここでは、寛救に反対する強訴にともなう乱闘事件や、感神院と清水寺との乱闘騒ぎが起こり、三善清行の意見封事にでてくる私度僧が多く参加したであろうことを指摘しておきたい。したがって、僧兵の歴史を研究する場合は、本来の僧兵と、まぎれこんだ乱行の僧とを区別して検討しないと、正しい僧兵の評価はできないと思われる。

興福寺との争い

南都の僧兵が後に有力となった北嶺の僧兵勢力と双璧といわれるまでに成長した第一の理由として、東大寺と興福寺との争いがある。この争いが、初期の僧兵集団を全盛期へと成長させたきっかけとなっている。そこで、両寺の僧兵の抗争史をしらべなければならない。しかし、そうなると実に多くの史料になるので、ごく初期の代表的なものをとりあげよう。

第一は『日本紀略』に述べてある、安和元年（九六八）七月十五日の合戦である。「東大寺と興福寺とが寺田一反余（約九・九アール）のことで合戦に及び、興福寺方の者に矢があたり、死者がでた」とある。わずかな寺田のことで死者がでるほど争ったのだ。もっとも、現代でも、わずかな土地争いでかなりしつこく裁判をしている事例もあるので、東大寺ほどのりっぱな大寺院がわずか一反で争うなどと笑うことはできないであろう。となると、日ソの北方領土などもむずかしいのは当然である。

世界の代表的な大国のソ連が日本ともっとスムースに領土の話し合いができないかなどと、簡単に言えないのである。

「東大寺文書」にも、正暦二年（九九一）に寺田のことで両寺が争ったとある。その後も、ほかの記録によると、両寺の争いは十数回もくりかえされているが、争いのたびに僧兵の勢力が増大し、それにつれて両寺が拡大され発展している。

東大寺と興福寺とは、何かにつけて相手の行動が気になり、限界を越すと乱闘事件に発展するのが自然の成り行きであった。さらに具体的な両寺の争いの事例をあげておこう。

院政時代の政治社会情勢を詳説した『中右記』は、中御門右大臣藤原宗忠の日記で、別名を『宗忠日記』ともいう。堀河天皇の寛治元年（一〇八七）より崇徳天皇の保延四年（一一三八）までの貴重な記録である。この『中右記』の康和四年（一一〇二）九月四日のくだりに、東大寺の衆徒と山階寺《やましなでら》（興福寺の前称、三三ページ参照）の衆徒とが合戦したとある。争った理由は、東大寺の鎮守の明神祭のとき、山階寺の下僧が田楽を舞うたところ、東大寺の東南院の禅師が通りかかり、同行していた衆徒が演じられていた田楽に因縁をつけたためである。喧嘩になり、夜に至って合戦に発展し、東大寺の衆徒が放火して山階寺の堂塔を焼いた。この事件で、東大寺の僧兵がかなりたくさん出動した。

また、同じ『中右記』の天永二年（一一一一）九月六日のくだりにも、東大寺で行われた疫神・怨霊を鎮める祭礼の御霊会《ごりようえ》で、興福寺の僧が境内で乱闘に及んだ事件がある。このときは、九月四日にすでに東大寺領で火災が起きていたし、東大寺の衆徒が興福寺へ乱入した事件もあって、継続的な抗争のなかの一場面であった。

さらに、藤原頼長の日記である『台記』にも、久安元年（一一四五）に、両寺抗争の記録がある。このころになると、両寺の争いのほかに、東大寺の僧兵が手向山八幡宮《たむけやま》（東大寺大仏殿の隣にある）の神輿をかついで朝廷におしかけたり、ほかの諸大寺とも争いをくりかえした。

ところで、だいぶ時代は下るが、建武二年（一三三五）七月三日の事件に注目したい。それは、白河天皇御忌の法要のときであった。京都の法勝寺（京都市立動物園付近）で行われた法華経八巻を八座に分けて講賛供養する法会の法華八講に、いつもならば東大寺・興福寺・延暦寺・園城寺の四大寺の出仕があるのに、このときは興福寺の僧兵が紛争中で、春日社の神木を遷座していたから、参加しなかった。興福寺としては、東大寺も同調して法華八講に参加しないだろうと思った。しかるに無神経にも東大寺が参加した、というので立腹し、七月二日に興福寺の僧兵が東大寺を襲い、放火した。放火の対象となったのは、法華八講に出席した者の住房だったが、これは失敗した。そこで再度放火し、暴力に及んだので、東大寺はたいへん迷惑し、朝廷へ訴えて鎮圧を頼んだ。が、朝廷の力では制圧できなかったようである。このことは、春日社の記録である『古今最要抄』や、洞院公賢の日記『園太暦《えんたいりやく》』などにも書いてあるので、史実である。

このように、東大寺と興福寺との抗争を見ると、初期には、わずかの寺田の争奪戦であって、死傷者もでたが朝廷の力を借りずに解決していた。しかし鎌倉時代になると、いつも僧兵間の紛争に朝廷が駆り出された。しかるに、ほとんど解決されなかった。そのころ、すでに幕府が設立され、武家の勢力があったのに、なぜ僧兵たちは幕府に訴えず、無力の朝廷に訴えたのであろうか。おそらく、対等の勢力を持った武家よりも、貴族の支える朝廷に権威を認めていたからであろう。

だが、僧兵の紛争はつねに解決されず、かえって東大寺と興福寺との対立は激しくくりかえされた。ところが、この対立が単なる暴力の対立だけでなく、両寺は教学や法儀の上でも競って努力したので、奈良仏教は近世へと伝えられ、繁栄したのである。

2　興福寺の僧兵勢力

武装した雑人

奈良の興福寺は、古代日本を指導した藤原氏の氏寺だったから、官寺である東大寺よりも荘園が多く、南都最大の寺院であった。そして興福寺の僧兵勢力も最大であった。

滋賀県の大津市に大津宮のあったころ（六六七—六七二）、天智天皇の側近で大化改新を断行するにあたって最大の功労者であった藤原鎌足の夫人、鏡女王《かがみのじょおう》が、六六九年（天智天皇の八年）に山階寺

（現在の京都市山科区東野町）を建てた。大津宮は、天智天皇の没後、弘文天皇と大海人皇子とが対立した壬申の乱で、近江軍が敗れたために廃都となった。大海人皇子は即位して天武天皇となり、都を大和の飛鳥に移した。そこで、山階寺も大和の高市《たかいち》へ移されて厩坂寺《うまやざかじ》と称した。そして和銅三年（七一〇）に至り、現在地の奈良市登大路町の猿沢池のほとりに移され、興福寺と改称した。春日山の麓に広がる台地に春日社と並んで、藤原氏の氏寺として飛躍的に発展した。最盛期には五〇平方キロメートルの敷地に一七五の堂塔が建ち並び、高僧・学僧の数もずいぶん多かった。

興福寺の初期の僧兵の活動は、すでに述べたように、東大寺と同じく雑人集団の行動でしかなかった。歴史的にその初めを探ると、明詮を襲った六十人ほどのなかに興福寺の雑人も加わっていた。また、三善為康編の『朝野群載』によると、朱雀天皇の承平五年（九三五）に「検非違使が、東大寺と興福寺との雑人たちの乱行を取り締まった」とあるから、この時も、興福寺の雑人たちは武装していたのであろう。

寛和二年（九八六）二月二十六日には、興福寺の僧徒が前備前守藤原理兼の乱行を朝廷へ訴えた、と『日本紀略』に書いてある。興福寺の僧徒とあるのは、武装した雑人も含まれていたであろう。また、長保二年（一〇〇〇）に興福寺の使者が「添下《そえしも》郡ノ館」（奈良県生駒郡）に乱入したという記録もある。

ところが、『日本紀略』の寛弘三年（一〇〇六）七月十三日のくだりに、「今日、興福寺の三綱（寺主・上座・都維那）以下の僧徒二千余人」が八省院（平安京大内裏の正殿）へおしかけ「愁を申す事有り」とある。

二千人もの僧兵が参加したので、かなり大きな事件であった。このことは、『百練抄』にも「興福寺の大衆数千人、左大臣の亭に参り、愁を申す事有り、先に八省院に集会し、宣旨に依り追ひ却《かえ》す」とある。左大臣の亭とは藤原道長の邸のことで、「愁」とは花園の春日庄の紛争のことである。この事件は、道長の日記『御堂関白記』にも、くわしく書いてある。八省院に集合した僧徒たちは、理由もなく、宣旨が出て追い返された。そこで翌日、道長邸へ訴えたが何の反応もなく終わってしまった、というのである。

ところで、このときの出動人数であるが、『日本紀略』には「二千余人」とあるが、『百練抄』には「数千人」とある。二千人は妥当だが、数千人はちょっとオーバーである、実際は、興福寺の雑人は二百人から三百人ぐらいだと諸文献にあるので、いくら荘園の農民を召集しても二千人が限界であったであろう。このように考えると、初めは雑人が武装した僧兵であったが、寛弘三年ごろから、各大寺の荘園が多くなり勢力も増大したために、雑人だけでは処理できなくなり、独立した僧兵集団が組織されるに至った、と考えられるのである。

春日社の神人

南都の僧兵の初期の活動を考える場合に、春日社の神人《じんにん》の存在が重視される。

春日社（現、春日大社）は、春日山の麓にあって、神護景雲二年（七六八）、藤原永手によって創建されたと伝えられる。祭神は建甕槌命《たけみかずち》（鹿島の神）と経津主命《へつぬし》（香取の神）のほかに、天児屋根命《あめのこやね》と比売命《ひめ》も合祀し、格式の高い藤原氏の氏神であった。

ところが、初めは藤原氏の氏神として創建された春日社だったが、藤原氏が権力者として発展するにつれて、国家の祭祀する大社となり、たいへん繁栄した。そして、摂関家としては、春日社の祭典である春日祭を年ごとに大規模なものにした。これによって神社経営の費用が増大し、参加する祭典奉仕者もふえたので、自然に春日社の荘園がふえた。だから、藤原氏の氏寺だった興福寺とともに、奈良における寺社のリーダーシップをとったのは当然である。郷民《ごうみん》（郷村を構成する身分のある者）と称された神官、そして、僧侶や農民たちまで、すべてが春日社と興福寺との被官人（隷属者）だったのである。

都が平安京へ移ったとき、桓武天皇とその側近は、奈良の堕落した政界をそのまま京へ移すことを拒否した。だから、東大寺も興福寺も京へ移転されなかった。都が奈良から京都へ移ったので、残った春日社は当然、衰えるはずなのに、かえって繁栄した。興福寺の勢力と春日社の勢力とが表裏をなして強力化していったのである。

興福寺よりはやや弱い存在の春日社であったが、藤原氏の権力が強くなるにつれて、藤原氏護持のために開墾田が寄進され、その寄進者みずからが楽な生活をするために荘官となった。さらに、在地の諸豪族も、それぞれの氏神へ社領を寄進し、その氏神を春日社の末社とした。春日社の神人（神職）になったものもいた。末社の社人（氏子）が春日社へ出仕すると、下級であったため、武器を与えられて僧兵となるのである。

春日社の下級神職になったものを、俗に春日神人と呼んだ。本社神人とか、黄衣神人ともいい、三《み》方《かた》神人と称される禰宜《ねぎ》（下級神職）たちであった。本社の三長官である神主・執行《しゆぎよう》正預《しようよ》・若宮神主にそれぞれ属し、社頭で神に奉仕するので神殿守とも宮本衆ともいった。その役目は、職事（事務）・殿番（神殿の管理）・膳部（神饌を供える係）を担当していた。

別に、散所神人という白衣神人もいた。これは、荘園の名主や荘官のなかから神人となったもので、座商人も含まれていた。この神人たちは国民《こくみん》ともいわれ、雑人たちの大衆とあわせて、奈良の僧兵の有力な構成メンバーとなり、さまざまな事件をつぎつぎと起こすのである。

こうして春日社の神人になった大和の土豪たちが、大衆・神人と呼ばれて僧兵の大集団に発展したのである。そして、春日社が大和の総鎮守となり、春日大明神となると、藤原氏の代官が国司として大和国を支配することにもなった。大和の一の宮としての大和《おおやまと》社や大神《おおみわ》社にかわって、春日社が大和の総社に進出したのである。

この春日社の上に立って支配するのが興福寺で、興福寺の雑人と春日社の神人とが合体して、僧兵集団の本格的な活動が始まるのである。

春日社と興福寺とは、氏神・氏寺のゆえをもって社寺が一体化され、興福寺の堂衆・衆徒といわれた僧兵は寺領の荘官となったり、末寺を運営する僧を兼ねた。いわば興福寺の御家人である。春日社の春日大明神は法相宗の守護神として尊敬されたから、興福寺の僧が出向して、春日社で法華八講の法会をいとなんだ。そして、強訴に及ぶことがあると、興福寺の堂衆が春日社の神人に命じて、神木《しんぼく》を持ち出し、神木動座に発展したのである。

春日社の神木

興福寺の雑人や春日社の神人が僧兵を兼業していたころは、その勢力も小さく、事件も単純であった。しかし、雑人や神人たちが本来の職務を棄てて、僧兵活動に専従するようになると、僧兵人口が増加し、集団としての組織も確立して、事件の回数も多くなり、春日社の祭神と同格の神木をかついでの強訴が始まった。

寛仁元年（一〇一七）六月二十二日であった。興福寺の衆徒が春日社の神木を奉じて、大極殿におしかけたという。春日社の古記録をまとめた『古今最要抄』の記事である。原文は漢文なので、わかりやすい文に直すと、つぎのように書いてある。

寛仁元年六月二十二日の亥の刻（午後十時ごろ）に、衆徒の訴訟が起こり、神木が大極殿の廊に着き、訴えが成功し、次の日に御帰座なりたり

これは、強訴の理由よりも、行動を重視した書きぶりである。よほど重大な事件であったことが想像される。そこで、道長の日記『御堂関白記』をしらべてみた。すると、同じ寛仁元年の六月二十三日の記事に、大極殿において千人の僧が寿命経を読誦したとある。藤原道長もこの法会に出席し、天下の厄病を除くよう祈願したという。さらに、同じ日に、奈良から使者がきて、興福寺の塔と東金堂が焼失したという報告をもたらしたので、道長はその修理を約束している。これだけしか書いてなくて、六月二十二日の事件にはいっさい触れていない。そこで、『古今最要抄』の記事は誤りだと主張する学者が多い。ところで、『御堂関白記』には神木入洛の記事がすべて脱落しているので、正誤いずれとも決しがたいが、寛仁元年の神木入洛は事実と思われる。というのは、当時すでに神木を奉じた僧兵の行動が他の史料にあるから、偽りの記事ではないであろう。

寛仁元年から五十年ほど経た治暦二年（一〇六六）正月七日に、春日社の神木が宇治に移った記録がある。この事件は、治暦元年の十二月に行われた僧侶の叙任で奈良の良尊が選にもれていたので、東大寺・興福寺・薬師寺の三つの大寺の衆徒が春日社の神木をかついで抗議行動にでたのである。ところが、この神木が宇治の平等院へ着いたとき、良尊が追加されて叙任になった。事はおさまり、神

木は帰座になったという。

従来の僧兵研究では、寛治七年（一〇九三）の神木入洛を最初の事件として紹介しているから、ややくわしく述べておこう。

寛治七年のこの強訴は「山階道理」と称され、『扶桑略記』に詳述されている。八月二十二日のことであった。山階寺（興福寺）の大衆が奏状を献じた。それによると、近江守高階為家朝臣が春日社の社領である近江国（滋賀県）市荘で、神人に乱暴をしたので、為家を流罪にしてほしい、と訴えたのであった。この訴えは、為家の子孫の官職も停止せよ、とつけ加えている。春日社の社領での事件なのに、春日社と興福寺とは表裏の関係にあったから、興福寺の大衆が動いたのである。この奏状をさらにくわしくしらべると、理由が書いてある。

春日社は鎮護国家を祈る神社である。天照大神を助けた藤原氏の祖先の天児屋根命らの尽力で栄えたわが国は、いつまでも守護されねばならない。そのため、藤原鎌足は、釈迦如来を刻んで、興福寺の本尊として鎮護国家を祈願した。そして、王室を全うするために、守護神を春日社に祭祀した。天皇も皇后も、藤原氏からたくさん出た。春日社が興福寺を守護し、興福寺が春日社を扶持するのは、当然である。春日社の愁は興福寺の愁である。だから訴える。

この強訴の理由は我田引水のきらいがあるものの、鎮護国家の立場にたっての訴えだとしていることに注目したい。春日社領の近江国市荘は、現在の滋賀県蒲生郡蒲生町である。この荘園で官吏を雇い、荘家を損亡し、神人を禁獄した罪は、たいへん重いものだというのである。

この事件は『百練抄』にも書いてある。八月二十六日になって、興福寺の大衆数千人が、奈良の七大寺の僧徒を集めて、京へおしよせた。このとき、春日社の神人は鉾《ほこ》神木を奉持し、鐘や鈴を持って、にぎやかに勧学院（藤原氏の学寮）に入った、と記されている。

この訴えの結果、高階為家は任を解かれ、土佐（高知県）へ流罪になった。このように、要求どおりの結果がでたので、神木は奈良へ帰った。

春日社の神木を奉じて入洛した例には、保延三年（一一三七）、久安六年（一一五〇）、嘉禎元年（一二三五）、応安四年（一三七一）、永和四年（一三七八）などがあり、『春日神主祐賢記』『古今最要抄』などによると、二十数回も記録されている。すこしくどいようだけれど、春日社の神木入洛の記録を、簡単にいくつか紹介しておこう。

鳥羽上皇のとき、保延三年正月二十四日に、興福寺から、同寺の別当権僧正玄覚を、僧正をとびこえて権大僧正に任ぜよ、と訴えた。ところが、朝廷では一階級こえては無理ということで許さなかったので、二月九日に衆徒が上京して再度訴えた。朝廷では平忠盛に五十騎を与えて衆徒に備えたが、不穏な状況になったので、二月十二日に裁許となり、衆徒は神木を奉じて奈良へ帰った。

つぎに、久安六年八月のことである。このときの訴えは、興福寺の別当が欠員であるから後任を早く決めてほしい、また清水寺別当には必ず興福寺の僧を任命してほしい、との二項目であった。八月二日に神木上洛を聞いた摂政藤原忠通はすぐに中止を命じたが、すでに神木は三日に宇治に着き、五日には京の勧学院へ入った。強訴の一行は京極大路から三条通りへ入った。三条東洞院の崇徳上皇の御所前を不作法承知で通過した。『百練抄』の記述によると、「興福寺の衆徒数千人、春日神人二百余人が、鉾神木を捧げて法螺を吹き洛中へ入る」とある。そこで、朝廷はすぐ会議を開いたが結論がでなかった。やっと十六日に法相宗大乗院の隆覚を別当に任じたので、神木は奈良へ帰った。

時代は下って執権北条泰時のとき、嘉禎元年の夏に、山城国（京都府）で、興福寺領の大住庄《おおすみのしょう》と、石清水八幡宮領の薪庄《たきぎのしょう》とのあいだで水争いが起こり、薪庄の者が大住庄の者を殺す事件に発展した。そこで興福寺の衆徒が怒って、薪庄を襲い、民家六十余戸を焼き、石清水の神人を殺害した。朝廷は、六波羅（鎌倉幕府の出先機関で、朝廷・公家の監視のほか、京都の警備や庶政を行った）に命じてとりあえず鎮圧したが、石清水の神人が納得しないので伊賀の大内庄を寄進することにした。しかし、それでもおさまらないので、さらに因幡国（鳥取県）を寄進することでやっと解決した。

ところが、これを聞いた興福寺側が不満として、神木を移殿（強訴に出発する前に神木を安置する建物）に遷座し、木津から宇治へと進めた。朝廷は、平等院あたりでくいとめようとして兵を送ったが、衆徒らは、第一に石清水八幡宮の別当を流罪にすること、第二に薪庄を興福寺へ渡すこと、第三に下手人を禁獄すべきこと、の三項目を訴えて激しい態度であった。衆徒は神木を放棄して奈良へ帰り、興福寺の門を閉じ、春日祭を中止にした。しかし、この騒動は鎌倉幕府の命で解決したとあるから、武士の勢力が僧兵の勢力を越えてきたことが想像される。

さらに下って足利義満のとき、応安四年（建徳二年）の神木入洛は、興福寺の大乗院が一乗院の門主の退任を要求するものであった。両者が交代で興福寺の別当になっていたのがくずれて不和を生じたらしく、大乗院と一乗院とはしばしば内紛を続けていた。応安四年は見苦しい事件に発展した。神木が入洛して朝廷へ訴えたが、なかなか解決しなかったので、神木が四年間も在洛する結果となった。くわしい事情を省略したので、なぜ春日社の神木が入洛し、どうして在洛四年となり、どのような影響を各方面へ与えたかがわかりにくいかと思うが、「春日神木御入洛見聞略記」などによると、春日社の神木を金堂前に移し、訴えの回答がないと宇治平等院へ移し、さらに入洛して勧学院とか長講堂（後白河法皇が仙洞御所に営まれた持仏堂で、現在は下京区塩釜町にある）へ入った。許可されないと、神木を放棄して帰り、騒動が解決しなかった。

要求が通ると、「先に仕丁二行に数十人、白杖をもて前行す。次に白衣の神人数百人、榊の杖を持つ。次に布留の大明神の神宝に神人数百人相従ふ」といった、ものものしいいでたちで、そのあとへ、黄衣神人・神司・楽人・関白殿・随身・殿上人・右大臣殿・衛府長殿など、実に豪華な行列をもって帰座が行われ、「御行粧ゆ、しくぞみえ侍し」とある。春日社の神木の絶対的な存在が目にうかぶのであるが、これだけでも藤原氏の権勢を象徴するものと思われる。

興福寺の衆徒の行動は、現代的に考えると、労働組合の政治的要求行動を連想させる。内容はストライキと根本的に違うけれど、スローガンをかかげ、強力な結束をもって、朝廷へ強訴する。経営者と団体交渉するあたりは、神木の入洛においても、よく似ている。

とくにエネルギーの赴くところ、まったく同じである。僧兵を研究することは、中世の民衆の心を知ることでもある。

3　延暦寺の大衆三千

比叡の兵《つわもの》

南都の七大寺からすればかなり遅れるが、桓武天皇の勅願により平安京の鬼門を守る新仏教として、天台宗延暦寺が入唐求法僧最澄によって比叡山に開創された。それが最澄の高弟円仁らによって大きく発展し、良源に至って僧兵制度が確立したという。しかも、叡山の僧兵は、奈良の東大寺や興福寺などの僧兵とともに、南都北嶺と並び称される一大勢力に発展した。

比叡山の僧は、表向きでいうと、三位以上か、地方の豪族なら五位以上の、格式を誇る家柄の子弟に限られた。十歳前後で入山し、十五歳ぐらいで得度し、二十歳で受戒して一人前の僧になった。それから僧侶の生活が始まる。彼らは、止観業と遮那業との二つの分野に分かれて、約十二年間修行すると、大衆《だいしゅ》となった。比叡山の大衆は、衆徒・堂衆・山徒の三階級に分かれた。上位の衆徒には、身分や家柄のよい者しかなれなかった。だから、衆徒のなかから、門跡や天台座主が出た。

衆徒・堂衆・山徒がどのような役務についていたか、近世の記録から推定してみよう。

衆徒は、上方ともいわれ、山上に常住し、妻帯せず、修行に打ちこんだ。五階級の僧階を経て、阿闍梨《あじゃり》とか内供奉《ないぐぶ》となり、さらに竪者《りっしゃ》・注記《ちゅうき》をつとめて、已講《いこう》から望擬講・擬講となり、証義《しょうぎ》から探題《たんだい》と昇進して、運がよければ僧綱《そうごう》となり、天台座主になった。この制度は、開創当時からあったわけでなく、順次整備されたものだが、ほとんどそのままに今日に伝えられている。

堂衆は、中方といわれ、妻帯していなかった。初めは法師輩《やから》とよばれ、年を経ると、維那《いな》・所司《しょじ》・呪師《じゅし》・承仕《しょうじ》・長講という階級に分かれた。衆徒に仕えて、諸堂の法務や法儀の運営にあたった。

山徒は、公人《くにん》のことで、法橋とか法印とか称された。中世以前は妻帯せずに山上に住んだようだが、後には山麓に住み、妻帯して一般人と同じ生活をしながら各谷《たに》の政所《まんどころ》（寺務所）や総里坊（里坊の総取り締まり役の坊）に勤務し、雑務や警備の役についた。出納《すいとう》・庫主《こしゅ》・専当《せんとう》・記家《きけ》・中座《ちゅうざ》などというのは、山徒の人々であった。

大衆は、東塔・西塔・横川の三塔に分かれ、さらに十六谷の堂塔に住んでいたので、かなりな人数であった。

『慈恵大僧正伝』によると、「住僧帳に載せるところの山僧二千七百人」とある。平安時代末期にできた百科辞典の『二中歴《にちゆうれき》』には「天台三千人」とある。『源平盛衰記』では「学生二千、堂衆二千」とあり、「三塔の僉議《せんぎ》と申す事は、大講堂の庭に三千人の衆徒会合して」とある。また、『太平記』の「山徒　京都ニ寄スル事」のなかでは、「十万六千騎」とある。文学作品の記事は信頼しにくいが、「十万六千騎」はオーバーだとしても、二千人から三千人ぐらいは常住の僧兵勢力と考えてもよいのではなかろうか。

『源平盛衰記』巻九に、叡山の堂衆について述べたところがあるので、紹介しておこう。

　そもそも堂衆と申すは、学匠の召使ひける童部《わらはべ》の法師に成りたるにや。若しくは中間法師などにて有けるが、金剛寿院の座主覚尋《かくじん》僧正、御治山の時より、三塔に結番《けつばん》（勤務）して、夏衆（勤仕者の称）と号し仏に花を奉りし人なり、近年行人（雑用をする者）とて、山門の威に募り、切物《せつもつ》奇物《きもつ》（手腕のある主に仕える者）を責めたり、出挙《すいこ》（古代の利子付貸借）借上入《かりあげいれ》ちらして、徳付公《とくつきこう》名付《みようつき》なんどして以外に過分に成り、大衆を事ともせず、師主の命に背き、かやうにたびたびの合戦に打勝つて、いとど我慢の鉾《ほこ》をぞみがきけり。

右の引用文によれば、叡山の僧兵は、中間法師《ちゆうげんほうし》とか夏衆《げしゆう》とか行人《ぎやうにん》などと称され、そのいずれにしても、たとえ出身が没落貴族であっても、歴史に名を残すような人物ではなく、無名の民衆であった。それが何を生き甲斐として、命を捨てる合戦に参加したのだろうか。叡山の僧兵は何に魅力を感じて、奈良にもました大勢力になったのだろうか。

インド・中国・日本の古今の仏教世俗説話を集めた『今昔物語集』巻二十三の「広沢ノ寛朝僧正ノ強力ノ語《こと》　第二十」には、「房ニ有ケル僧ドモ手毎ニ火ヲ燈シテ、刀ヲ提《ひさげ》ツツ、七八人十人ト出来《きたり》ニケリ」とあって、上位の僧に仕える房にいたものが夜警をしたが、その人たちが僧兵になったと記している。

絵巻物の『天狗草紙』には、大講堂で「三塔大衆僉議」をしたときの僧兵の姿を「大五条《おほごじょう》（袈裟の一つ）を頭にまき、僧衣に高足駄の男が薙刀をもつ」と述べ、また「鎧の上に袈裟を着けた衆徒」とも書いている。

山法師姿

良源の「二十六箇条制式」のなかに「裹頭《かとう》妨法の者を禁ずべし」とあるが、「裹頭」とは五条袈裟（インドで定められた仏教教団の僧服の小衣）で頭を包むことである。

『源平盛衰記』巻四に「三塔の僉議と申す事は、大講堂の庭に三千人の衆徒会合して、破れたる袈裟にて、頭をつつみ、入堂杖とて三尺許《ばかり》なる杖を面々に突き、道芝の露打払い、小石一つづつ持ち、其石に尻掛居並べるに、弟子にも同宿にも聞きしられぬ様にもてなし、鼻を押へ声を替へて、満山の大衆立廻られよや」とあって、僧兵の姿と行動とが想像できる。

また『太平記』巻十五にも、「妙観院ノ因幡竪者全村《いなばのりつしゃぜんそん》トテ、三塔名誉ノ悪僧アリ、鏁《くさり》ノ上ニ大荒目ノ鎧ヲ重テ、備前長刀ノシノギサガリニ菖蒲形ナルヲ脇ニ挟ミ、箆《の》ノ太サハ尋常ノ人ノ蟇目《ひきめ》ガラニスル程ナル三年竹ヲ、モギツケニ押削《けずり》テ、長船打ノ鏃《やじり》ノ五分鑿《のみ》ホドナルヲ筈本《はずもと》マデ中子《なかご》ヲ打徹《うちとおし》ニシテネヂスゲ、沓《くつ》巻ノ上ヲ琴ノ糸ヲ以テネタ巻ニ巻テ、三十六差タルヲ、森ノ如クニ負成《おいな》シ、ワザト弓ヲバ持タズ、是ハ手衝《てつき》ニセンガ為ナリ」とあり、ここにも叡山の僧兵の姿が描いてある。

叡山の僧兵は山門の大衆といわれ、山法師とも称された。三井寺では寺法師といい、南都の興福寺では奈良法師ともいったが、いずれも姿は「裹頭」が象徴的であり、とくに山門大衆が他と違っていたわけではない。戸部正直著の、中世の戦記をまとめた『奥羽永慶軍記』（元禄十一年・一六九八）のなかに、「円通寺が武者は赤皮の具足の上に金襴の袈裟を巻付、兜の上をば白布を以て押包み、三尺五寸の太刀を帯、一丈許の穂無き手鑓を持ち」などとあって、僧兵一般の姿はいずれも同じようであった。

法性寺の座主

良源が治山していた十九年間に、山門と寺門とのあいだに激突が起こった。山門の延暦寺と寺門の園城寺とは、宿命的な長い闘争をくりかえすことになる。この山・寺両門の抗争史に対する評価はさまざまで、多くは宗教界にあるまじき見ぐるしい争いといわれるが、この内紛抗争が激しかったために、むしろ天台教団は発展したとも考えられる。山・寺両門の争いで、死者がでた合戦や堂塔の焼失も悲しい歴史であるが、教学史的に見ると、すぐれた人材が多く出て、しのぎを削ったのである。だから、山・寺両門の争いとは裏腹に、すばらしい天台文化が生まれ、日本文化史や日本思想史のうえで、天台の輝く足跡を無視できないものにしたのである。

山・寺両門抗争史の発端になった天元四年（九八一）十二月、餘慶が法性寺座主に補任されたため起こった山門の強訴事件について、述べてみよう。

餘慶は天元二年に園城寺長吏に補せられた。園城寺は三井寺と通称され、円珍が再興してから、その門流が住し、延暦寺別院として栄えた。長吏は最高責任者であった。

法性寺は、京都の賀茂川の東にある寺で、九条大路の南側の、東福寺の境内にかかる一帯にあった。醍醐天皇の延長三年（九二五）五月に左大臣藤原忠平が建立したものである。現在は、東福寺の西に浄土宗の法性寺があり、旧法性寺の灌頂堂の本尊と称する三面千手観音立像を伝え、国宝に指定されている。ところで、法性寺は天台座主尊意を開山としていたので、歴代の座主はすべて、円仁門下から出た。

しかるに、円珍門下の餘慶が座主に就任したために山門の大衆が反対した。『扶桑略記』によると、

「法性寺座主は歴代わが門流から補任されるべきで、円珍門下の補任は不適当だから、餘慶の補任をすぐとりやめてほしい」と訴えたという。そのとき出動した僧兵は約百六十人で、関白太政大臣藤原頼忠の邸へおしかけた。

ところが、朝廷では「藤原忠平が法性寺を建てたとき、座主を慈覚大師の門流だけに任命するよう決めたわけではなかった。いままで智徳兼備の適任者が円仁門下に続いただけである。今、餘慶は智行ともに秀れているので任命した。今回の訴えはきわめて遺憾である」と返事をした。そこで山門の大衆は、この返事を不服として、僧綱・阿闍梨など二十二人とその従僧二百人余りが、藤原頼忠の邸におしかけ、邸宅の破壊に及んだ。朝廷は訴えた者たちをすぐ処分した。

これはたいへんなことになると感じた円珍の門流は、山を下りて各別院に分かれた。餘慶は門人数百人をつれて北岩倉の観音院へ移った。勝算は数十人とともに白河の修学院へ逃れた。勧修は三十人余りと岩倉の解脱寺へ行った。山上の円珍の千手院にとどまったのは、わずか三百人余りであった。

そこへ、第十八代座主の良源が、千手院の経蔵や、餘慶や穆算《ぼくさん》らが逃げこんだ観音院や一乗院を焼き討ちする、という噂が飛んだ。そこで朝廷では、騒ぎを鎮めるために蔵人《くろうど》（機密文書などの保管や、天皇の生活にかかわる近侍の役人）の平恒昌を派遣して千手院を守らせたが、良源の行動が噂だけであると知ると、かえって朝廷側が、騒いだ責任をとる形で叡山に謝罪し、餘慶はみずから法性寺座主を辞任した。

良源が死んで四年たった。良源の弟子の尋禅が四十三歳で天台座主となったが、病弱のためにすぐ辞退した。そこで、再び餘慶が後任に選ばれることになった。永祚元年（九八九）十月一日付で餘慶を天台座主に任命するため、少納言源能遠が使者として叡山へ登った。ところが、山では大衆が立ち上がり、さきの法性寺座主問題が完全に解決していないこともあって、妨害にでた。

源能遠の持ってきた宣命を奪いとり、能遠を延暦寺へ入れずに追い返した。朝廷は再び、参議修理大夫藤原有国を使者として登山させ、東塔の円仁の前唐院で宣命を伝えた。こうして餘慶は天台座主となったが、叡山の大衆はこれに不服だったから、ことごとに抵抗した。餘慶は在任わずか三か月で辞職した。

それから四年たった正暦四年（九九三）に、餘慶の弟子の戒算が悪僧をつれて西坂本の赤山禅院を襲った。これがきっかけとなって、再び両派が争うことになった。山上では、山徒が円珍の弟子たちのいる堂舎を襲い、千手院も焼けた。

この時から山門と寺門との争いはあくことなくくりかえされるのである。この発端となった法性寺座主の相続争いは、貴族や家元などの跡目争いとなんら変わることのない醜い争いで、僧侶の世界にあるまじき行為と思われる。ところが、山・寺両門の僧兵争いがくりかえされた結果として、すぐれた人材が育ち、教学が発展した。たとえば、良源の門下からは、尋禅・暹賀《せんが》・覚慶・院源・増賀・実因・源信・覚運などの高僧や名僧がたくさんでた。一方、三井寺の智証大師円珍の門下からは、良勇・猷憲・康済・玄鑒・惟首・増命・尊意などの天台座主がでたし、餘慶の門下には勝算・勧修・慶存・明尊などの高僧が続出している。

法性寺座主の問題は、餘慶の辞職で終わった。僧兵の勢力は山門の側が強かったので、寺門の敗退に終わったが、餘慶の門下には前述したように俊才が集まっていて、叡山を下りたときも三井寺へ多く従った。そのため、この事件に対する世間の批判は、山門を否とし、餘慶が正しい、と評した。以後、餘慶の門下の高僧たちの努力で、園城寺が四大寺の一つに発展するのである。

座主職三日間

山門と寺門との対立の遠い原因を、円澄と義真との、あるいは円仁と円珍との、二つの門流の対立だとだれもが考える。その対立は、学問的なものでなく感情に走った対立だと、ほとんどの先輩の諸学者が主張された。しかし、くだらない対立であれば、どちらかが滅んでしまうのに、山門も寺門も現代まで滅亡しなかった。しのぎを削る対立が教学や修行であれば、むしろ対立を歓迎すべきだが、山・寺両門の抗争はいったい何であったのか。

実のところ、山門と寺門との争いをすべて悪と片づけてしまうことはできない。ここでは抗争史の一つの特色ともいえる短い天台座主の任期をとりあげて、それが抗争の原因となり、結果であったことに注目したい。

第二十七代天台座主慶命が長暦二年（一〇三八）九月七日に死亡すると、園城寺の明尊が後任に立候補した。普通の考えからすれば、寺門も山門も同じ天台宗であるから、天台座主になる高僧は山門・寺門を通じて学・行ともに秀れた僧であればよいはずだが、つねに山門が優位にある慣わしで、園城寺から座主の候補を出すと、いつも難癖をつけられて抗争の種となった。

明尊が立候補したと聞いて、山門の大衆は集まって朝廷へ反対を訴えた。しかし、聞き入れられなかったので、山門の大衆は三千余にふくれあがり、関白藤原頼通の邸へおしかけた。そして、門柱の根元を掘りおこし、怒号した。頼通は平直方や平繁貞らに命じて抵抗させたため、双方に多くの死傷者がでた。そこで、明尊は座主を辞退し、代わりに、山門から教円が補任されて、事はすんだ。しかし、九年間の座主職にあった教円が世を去ると、再び明尊が名乗りをあげた。また山門の大衆が騒いだが、朝廷は第二十九代天台座主に明尊を任命した。

明尊は、藤原頼通の信任があつく、小野道風の孫で、餘慶の弟子であった。山門ではおさまらず、反対の上奏文を提出した。明尊に対する座主補任の勅使として少納言藤原永職が命じられたが、山門の大衆の妨害を恐れた永職は、家来に宣命を渡し、病気と称して登山しなかった。『天台座主記』には、明尊は三日目に座主を退いたとある。この事件は『古今著聞集』巻一にも書いてある。

第三十一代天台座主の源泉も寺門であった。宣命の勅使少納言藤原貞章が登山しようとしたら、山門の大衆に騒がれて、西坂本の勧学堂付近の田のなかの木に宣命をつるして逃げ帰ったと記録され、明尊と同じく三日目に辞任している。『扶桑略記』には、源泉を迎えに行った園城寺の衆徒数千人が京へ乱入する、という噂が飛んで洛中が騒然となった、と書いてある。

第三十四代天台座主の覚円も、四十七歳の若さで承暦元年（一〇七七）二月五日に補任されたが、明尊の弟子ということで山門大衆が騒いだので、翌日すぐに辞退した。

第三十九代天台座主の増誉も、明尊の弟子だった。長治二年（一一〇五）二月十四日に補任されたが、翌日辞退した。

第四十四代の天台座主行尊も明尊の弟子で、藤原基平の子であった。保安四年（一一二三）十二月十八日に補任されたが、わずか六日間で辞任した。

第四十七代の天台座主覚猷（鳥獣戯画で有名な鳥羽僧正）は、宇治大納言源隆国の子で、覚円の弟子である。覚猷は、四天王寺・法成寺の別当も歴任した。そして、園城寺長吏をつとめた高僧であったが、保延四年（一一三八）に天台座主に補任されて、わずか三日で辞任した。

また、第五十代の天台座主の覚忠（関白忠通の子）も、応保二年（一一六二）二月一日に座主に補任されたが、同月三日にはもう辞任している。

第六十代天台座主公顕も、文治六年（一一九〇）三月四日に補任され、山門大衆の反対で四日目に辞任している。

寺門出身の座主は公顕をもって終わりになるが、右にあげた座主はみな超短時日のあいだに辞任している。しかも、すべて山門大衆の反対によってである。ただ不思議なことは、寺門の僧兵がほとんど対立抗争に出ていないことである。このことは、山門大衆が寺門よりはるかに強い勢力であったからか、それとも、寺門系の座主がすべて高僧なので、無理な争いを避けたのか。いずれにせよ、短期間の座主であった。寺門派としては悔しいであろうが、座主にしてみれば天台座主に就任することで、三日天下の座主職でも満足だったから、激しい抗争にならなかったようだ。

さらに深く考えると、世の無常を悟って仏道に精進し、教化に尽力すべき仏教者が、事もあろうに座主職の地位をめぐって同門が内紛する醜さは、師表として恥ずかしい行為だと考えたのかもしれない。それを性懲りもなくなぜくりかえしたかというと、叡山の仏教だけが、超然として聖者ぶっては生きられなかったからであろう。きわめてありふれた人間性の濃い僧団だったから、怒り・恨み・悲しみを表面に出して争ったのであった。

叡山の大衆には貴族の出身が多かったので、貴族間の醜い血族間の争いが仏教界に影を落としていたのである。山嶽仏教を表にだした天台宗も、時代や社会から遊離して生きることはできなかった。僧兵は、山・寺両門の争いから考えても、時代の産物であったと言えよう。

4　園城寺の戒壇紛争

戒壇騒動

南都の六宗も、北嶺の天台宗も、戒壇院で具足戒《ぐそくかい》（比丘・比丘尼の守るべき戒）を受ける儀式がすまないと、一人前の僧として認められなかった。奈良時代には、東大寺の戒壇、下野国（栃木県）の薬師寺の戒壇、筑紫国（福岡県）の観世音寺の戒壇を、天下の三戒壇と称し、これしかないので、僧になろうとすれば三戒壇のどこかで受戒しなければならなかった。

三戒壇ではいずれも小乗戒を授けたので、大乗戒（円頓戒＝最澄が梵網経にもとづいて利他を旨として説いた戒律）を主張する天台宗では、どうしても大乗戒壇がほしかった。だから、しばしば朝廷へ願い出たけれど、南都の諸大寺が反対したので、なかなか許されなかった。最燈が心血を注いで、くりかえし朝廷へ願い出た結果、最澄入滅後七日目に、やっと大乗戒壇の設立が許された。比叡山東塔にある戒壇院である。

ところが、園城寺に住む寺門派の出家志望者にとっては、対立の相手である山門に頭を下げて、東塔の戒壇院で受戒することが不満であった。しかたなく東大寺の戒壇院で受戒していたが、この戒壇は最澄や円珍らが排斥した小乗戒の戒壇院なので、寺門派の子弟にとっては東大寺での受戒がとても悔しいことだった。

そこで、寺門派は園城寺に戒壇を建立したいと思った。仏教史書で虎関師錬著の『元亨釈書《げんこうしやくしょ》』によると、長暦三年（一〇三九）に、ぜひ園城寺にも戒壇建立を許可してほしいと朝廷へ訴えた。このことは『天台座主記』にも書いてある。

戒壇建立の理由は単純であった。比叡山の戒壇では、伝教大師最澄も慈覚大師円仁も受戒していない。天台の菩薩戒（大乗の菩薩が受持する戒律）を受けているのは、義真と円珍だけである。その円珍とその直系の門流によって発展した園城寺は天台円教の正統である。正統の園城寺に菩薩戒を伝える戒壇院がないのは不自然である。したがって、ぜひ園城寺に戒壇設立の許可をいただきたいと訴えたのである。

これに対し、山門は絶対反対であった。理由は簡単で、山門も寺門も同じ天台宗だから、二つの戒壇は不要だ、というのである。

寺門としては、同じ天台宗でも延暦寺と園城寺は別の寺だから、別々に戒壇が必要だと主張し、戒壇が一つでよいと山門がいうのなら、天台座主が寺門から補任されたとき、同じでないといって反対するのは矛盾している。だから、園城寺の戒壇を設立する許可をぜひしてほしい、と再三、朝廷へ申請した。

山・寺両門の主張をつぶさに検討すると、どっちもどっちである。勝野隆信氏は『僧兵』のなかで、「この論戦は明らかに山門側の負け」というが、優劣はなかったと思われる。

しかし、実際問題としては困ったことで、なかなか朝廷の結論がでなかった。

『源平盛衰記』の「三井寺戒壇許さざる事」のなかで、長暦三年に、後朱雀天皇は宸筆を延暦寺へ納めて座主教円に七日間の祈禱をさせ、園城寺の戒壇を許すか許さないかを占わせた。そのとき「教円座主祈誓七日の間、太上天皇御霊夢三か度御覧有りけるに依て御免なかりけり」ということで、戒壇建立は不許可となった。

園城寺からは再度、戒壇建立を許可してほしいと訴えた。朝廷では会議するばかりで結論がでなかった。天皇に決断を迫ったが、なかなか裁可にならなかった。寺門派の沙弥は、一人前の僧になれないので、一人去り、二人去りした。そこで、修法や不断読経により戒壇勅許を祈ったが、なかなか実現しなかった。

戒壇問題が解決しないので、朝廷では困りはてて南都の諸宗に諮問したところ、長久二年（一〇四一）五月十四日の返事は、法相宗・三論宗・華厳宗・律宗が建立に賛成だったが、延暦寺だけが反対であった。南都六宗より延暦寺が強かったのか、許可されないまま月日が過ぎた。

永承二年（一〇四七）六月に明尊は天台座主に就任してわずか三日で辞任しているが、この座主補任は戒壇が勅許にならなかった代わりであったという。とにかく、戒壇問題はいつまでも継続して審議され、廃案にはならなかった。

戒壇設立をめぐる山・寺両門の争いは、多くの文学作品にもとりあげられた。たとえば『太平記』巻十五の「園城寺戒壇ノ事」では「六万余騎ヲ三井寺へ差シ遣ハサル。是ハ何《いつ》モ山門ニ敵スル寺ナレバ」とあり、「三井寺合戦」の段では「山門ノ大衆ハ二万余人、大略徒立《かちだち》ナリケレバ、如意越（園城寺の西の裏山）ヲ搦手《からめて》ニ廻リ」と述べている。また、御伽草子《おとぎぞうし》の『秋の夜長の物語』にも「山門是ヲ聞キテ（略）戒壇ノ事ニ依リ、園城寺へ十万余騎ノ勢ヲ七手ニ分ケテ発向スルコト、以前既ニ六度也」と記された。無住の『沙石集』にも「三井寺、山門ノ為ニ焼払ハレテ、僧坊・仏像・経巻残ル所ナク」と書かれた。これらは、承暦年間（一〇七七—一〇八〇）から文保二年（一三一八）までの激戦の様子を伝えている。

頼豪鼠

園城寺の戒壇は、南都の各宗が一致して建立に賛成したのに、比叡山だけが反対だった。よって戒壇は勅許にならなかった。

ところで、後三条天皇が病気になったとき、延暦寺・園城寺・東寺の三大寺を御願の寺に選んで阿闍梨（師範となるべき高僧で、天台・真言の僧位）をおき、病気快癒の祈願をさせた。園城寺では鎮守の新羅明神《しんらみようじん》に宣命を納めて祈願をした。しかし、後三条天皇の病気は全快しなかった。天皇の病気は新羅明神の怒りに触れたのだという占いがあり、さらに祈禱が行われた。後三条天皇の病気はなおらず、ついに延久五年（一〇七三）に崩御した。そこで、白河天皇が皇位を継いだ。

そのころ、園城寺の頼豪阿闍梨が登場する。頼豪は園城寺の戒壇騒動とたいへん深いかかわりがあったので、すこしくわしく述べることにしよう。

当時すでに、頼豪阿闍梨は修法の霊力が高いと評判されて、白河天皇の信任があつかった。天皇は頼豪に勅して、皇子の誕生を祈らせた。祈願の効験がたちまちあらわれて、承保元年（一〇七四）十二月、皇子敦文《あつふみ》親王が誕生した。天皇はたいへん喜んで、頼豪に恩賞を与えようと望みを問われたところ、長らく園城寺戒壇の勅許を願ってきたのに実現していないので、この際ぜひ許可してほしいと答えた。しかるに、朝廷では延暦寺の反対があってなかなか許可しなかった。頼豪は不服に思い、園城寺の持仏堂にこもると、皇子の早死を祈り、断食に入った。その霊験かどうかわからないが、承保四年（一〇七七）八月六日に敦文親王が四歳で亡くなり、頼豪も持仏堂にこもったまま入寂した。

この話は『平家物語』や『源平盛衰記』にくわしく語られている。頼豪が死んでからしばらくたつと、比叡山にねずみが急増し、諸堂の仏典を食い荒したので、山門では、ねずみの宮を建てて封じこめ、長くおまつりして怒れる頼豪の霊を慰めた。いま大津市坂本の日吉《ひえ》大社の参道に近い止観院の前に、頼豪をまつる祠があり、「ねずみの宮」と呼んでいる。また、園城寺山内の観音堂の下にある社が「ねずみの宮」だとも伝えている。

日吉社の記録をまとめた『日吉記』には「是王子宮末社の内なり。子神なり。仕える者は鼠なり。本地は大黒御神で、鼠面なり。俗形は烏帽子狩衣で、これ三井寺頼豪法師の霊と曰ふ」とある。この伝承は、江戸時代の俳諧書『呉竹集』にも書いてある。江戸時代に、曲亭馬琴が「頼豪阿闍梨恠《かい》鼠《そ》伝」を書いているが、これも、この伝説を材料にした作品である。

この頼豪の話は園城寺の戒壇をめぐる山門との激しい争いの一例で、鎧を着けた鉄のねずみが仏像や経巻を破壊したという描写は、僧兵の行動を連想させるものである。なお、頼豪が戒壇の勅許を願い出たあと、朝廷が「両門合戦して、天台の仏法ほろびなんとす」といって戒壇建立を不許可にしたのも、僧兵の戦闘的行動を心配したからであった。

戒壇問題はさらに尾をひいた。永保元年（一〇八一）には、山門が寺門を襲って、園城寺をほとんど焼いた。寺門では、山門に報復する代わりに、戒壇を許可してほしいと改めて朝廷へ訴えた。

それから八十年ほど過ぎた。二条天皇の永暦二年（一一六一）四月七日に、園城寺の別院だった宇治の平等院で落慶法要がいとなまれたとき、園城寺戒壇がひそかに建立された、という噂が飛んだ。ただちに山門の大衆は、後白河上皇の行幸を中止するように願い出た。しかし上皇は行幸されて、法会が終わった。これを聞いた山門の大衆は武装して、もし戒壇建立が実現していたら襲撃するぞ、という構えを示したという。

また、長寛元年（一一六三）には、山門大衆から朝廷へ訴えがあった。内容は、園城寺の沙弥が東大寺の戒壇院で小乗戒を受けているので、すぐそれを中止し、かならず比叡山の戒壇院で大乗戒を受けるよう命じてほしい、というのであった。そして、寺門の僧が兵杖を持つことも禁止してほしい、と付言した。

ところが、これは難問題であった。朝廷は園城寺に対し、宣命をもって、東大寺で受戒せず延暦寺で受戒するよう伝えたところ、園城寺側は延暦寺で受戒できないと返事した。そこで朝廷では、再度、宣命をもって、延暦寺で受戒せよと伝えたが、堂々めぐりで解決しなかった。

園城寺側は、興福寺に頼んで「園城寺の沙弥は東大寺で受戒すること。延暦寺は興福寺の末寺であること」を公認されるよう、興福寺から朝廷へ上奏してもらった。興福寺としては、延暦寺が平素から南都の戒壇を小乗戒とけなしていることへの反発もあり、園城寺への同情から、すぐ朝廷へ訴えたところ、山門大衆の怒るところとなり、『百練抄』(鎌倉時代に成立した歴史書)によれば、六月九日に、山門の大衆が園城寺を襲って堂塔をことごとく焼いた、とある。

さらにそれから十五年目の治承二年(一一七八)にも、事件が起こった。後白河上皇が園城寺の灌頂(僧になって一定の地位に登るときの儀式)を受けたい意向だという情報が流れた。これに対して山門の大衆が反対したのである。園城寺側では、すべての沙弥を今後、比叡山で受戒させると約束して和解しようとしたが、山門は断乎として受け入れなかった。

後白河上皇は、やむなく灌頂を中止した。

ここのところを『平家物語』では巻二の「山門滅亡　堂衆合戦」のくだりで文学的に述べている。「法皇は三井寺の公顕僧正を御師範として、真言の秘法を伝受せさせましましけるが、大日経・金剛《こんがう》頂経《ちやうきやう》・蘇悉地経《そしつぢきやう》、此三部の秘法をうけさせ給ひて、九月四日三井寺にて御灌頂あるべしとぞ聞えける」とあり、これに対して山門の大衆が「むかしより御灌頂御受戒、みな当山にしてとげさせましますす事先規也。就中《なかんづく》、山王（日吉社）の化導は受戒灌頂のためなり。しかるを今三井寺にてとげさせましまさば寺を一向焼払ふべし」と怒った。そこで、「山門の騒動をしづめられんがために、三井寺にて御灌頂はなかりしか共、山上には堂衆学生不快の事いできて、合戦度々に及。毎度に学侶うちおとされて、山門の滅亡、朝家の御大事とぞ見えし」と。山門と寺門との争いがもとになって、山門内においても三塔十六谷が二つに分かれて争いが起こった。「紀伊《きい》国の住人湯浅《ゆあさ》権守宗重以下、畿内の兵二千騎、大衆にさしそへて堂衆を攻めらる」という騒動になったという。

園城寺側では、山門の横暴な行為に対して憤懣《ふんまん》やるかたなき様子であった。しかし、園城寺の戒壇建立の熱い願いはむなしく、時が過ぎて行った。この当時としては寺門の僧兵勢力が経済的な理由で山門に劣っていた。寺門では、すぐれた高僧を養成して、教学の面から延暦寺を追い越そうとした。その努力が実り、すぐれた人材が続々と出たことも、園城寺が東大寺・興福寺・延暦寺とともに、四大寺の一つに発展した原因である。

戒壇問題の終結

後深草天皇の正嘉元年（一二五七）三月、園城寺は性懲りもなく再び戒壇建立の勅許を朝廷へ申請した。当然、不許可となった。こんどは今まで活動していなかった園城寺の僧兵が強訴した。やむなく朝廷では内々で許可しようということになった。

これを聞いた山門は、正嘉二年四月十七日に、日吉社の神輿をかついで京へおしかけ、園城寺戒壇の不許可を訴えた。弱腰の朝廷は勅許をとりやめたので、日吉社の神輿は坂本へ引き揚げた。このことは、寺門の僧兵の勢力が、山門の勢力よりずっと弱いことを示している。

そこで、園城寺は策をめぐらして別の手段を考えた。すなわち、鎌倉幕府へ戒壇の許可を頼んだのである。すると、正元二年（一二六〇）正月四日に、幕府は戒壇を建立してもよいと言ってきた。さあ、たいへんである。これを聞いた山門は、日吉社・祇園社・北野社の神輿をかつぎだし、朝廷へおしかけた。山門の大衆は六波羅の武士に阻止された。やむなく山門の大衆は大極殿の前に神輿を放棄して叡山へ帰った。すぐ三塔の集会が開かれ、対策が協議された。

朝廷は幕府に対して、園城寺の戒壇建立の許可を取り消すよう伝えたが、当時はすでに朝廷より幕府の勢力が強く、幕府は取り消さなかった。そのため、朝廷は叡山へ了解を求めた。山門が承知するはずはなかった。叡山の大衆は断乎として反対を続けたので、朝廷は園城寺に対して許可書の返上を求めた。やむなく園城寺があきらめたので、やっとけりがついた。ここでも、山門の勢力が寺門よりはるかに大きく、朝廷も幕府も従わざるを得なかったのである。

山門の怒りはおさまらない勢いだったので、幕府は、六波羅をして園城寺の警戒にあたらせた。園城寺が戒壇建立の幕府の許可書を返したので、その堂塔は焼けずにすんだ。しかし、山門の僧兵の怒りが暴発して、日吉社の神輿を破壊した。まるで、童子が自分の宝物を損なって不満を訴える駄々っ子に似ていた。山門の僧兵が勝手に日吉社の神輿をこわしたのだから、朝廷が損害の補償など心配する必要はないのだが、そうはいかず、どうしても僧兵の怒りを鎮めるために、いろいろ手を尽くさねばならなかった。それが当時の慣習であった。僧兵の行動は、朝廷と貴族と仏教教団とのあいだにあって、互いに強い影響力を持っていた。だから、僧兵を怒らしたままだと、治安もうまくいかないし、朝廷の諸行事にも支障をきたして中止せざるを得ない場合が多かったのである。

また、僧兵たちの駄々っ子ぶりは、つぎのことからもわかる。文永元年（一二六四）三月二十三日のことであった。大坂の四天王寺の別当職のことで、山門の僧兵が自分たちの手で戒壇院・大講堂・常行堂に火を放って焼いてしまった。比叡山の戒壇院が焼失すると、園城寺では、かねてから機会があるごとに戒壇設立を願ってきていただけに、好機来たれりと考えて戒壇をひそかに建立し、受戒を行った。五月二日、これを聞いた山門大衆は、ただちに園城寺を襲い、戒壇と堂塔を焼き払った。『天台座主記』によると、このときの焼き討ちは三日間に及び、これほどのひどい災害はかつて一度もなかった、と述べている。このあと、戒壇問題はしばらくの間、鳴りをしずめた。

ところが、後醍醐天皇の文保三年（一三一九）四月のことであった。園城寺ではどうしても戒壇をあきらめきれず、官許を待たずしてひそかに戒壇を建てた。これを聞いた山門の大衆は日吉社の神輿を奉じて朝廷へ訴える勢いになった。朝廷ではすぐ園城寺へ問いただしたところ、事実無根だと答えた。ただ園城寺から幕府への報告には、若い僧が勝手に柱を建てて戒壇だと称しただけだ、とも言った。しかし実際は、僧兵二百人ほどが長吏を強迫して、戒壇の落慶法要を済ませていた。

この事実が明らかになると、山門の大衆は園城寺の長吏を還俗させて土佐へ流罪に処した、という。さらに、このときも山門の大衆が園城寺の堂塔をことごとく焼いた。

花園上皇は、園城寺の焼失はまさに仏法の破滅で、これほどひどく焼けたことはないと嘆き悲しんだという。『徒然草』にも「寺法師の円伊僧正と同宿して侍りけるに、文保に三井寺焼かれし時」と記され、ほかの諸史料にも書いてあるので、よほど激しい争いであったのだろう。このときから戒壇をめぐる山・寺両門の争いがなくなった。そしてついに園城寺には戒壇ができなかった。

ところで、戒壇をめぐって山・寺両門の血を血で洗う争いの真の意味は、何だったのだろうか。いうまでもなく、山門の延暦寺では、従来から築いてきた天台宗を守り、天台座主の権力と特権とを守る必要があった。大きな宗団になり、天台座主の権限や財力が拡大されたから、青年僧の養成に欠くべからざる戒壇を新興の園城寺に設置させて、分派を認めることは、どうしてもできなかった。派閥の争いが教学の微妙な違いを生じ、勢力が伯仲すると、融合できない宿命となった。

血みどろの抗争史のなかで、ただ救いと考えられるのは、両寺とも天台宗を護持発展させることによって、鎮護国家と万民快楽を祈ったところにある。しかし、園城寺は、延暦寺の分家として新しい大寺院となり独立し、宗団を拡張しようとして、死にものぐるいの思いで戒壇の建立を計画したのであった。共存共栄の思想がなかったので、山・寺両門の抗争はいつまでも続いた。

ところで、もし、山寺両門が激しい抗争をくりかえさなかったら、両寺の発展は大きくなかったであろうという考えがある。あれほど激しく争って、寺門の堂塔はしばしば山門に焼かれ、僧兵たちの死者も多くでたのに、かえって、復興のときはよりよき堂塔を再建した。戦国の武将であれば負けた方は一族すべて殺害され、完全に滅亡してしまうのだが、仏教の場合は、滅びるどころか、かえって逆に発展したのである。

これは仏教信仰の強さからだと思うけれど、それだけではない。古代から中世にかけての社会では、仏法に帰依して救いを求め、後白河法皇が千体の観音像を蓮華王院（京都の三十三間堂）に造立し供養されたように、朝廷や貴族が延暦寺や園城寺の存在を必要としたからである。これらの大寺院が、末法の世を救い、「もののけ」を除いたり、子孫が繁栄するようにとの祈願寺として、朝廷や貴族の精神的支柱になったのである。また、中世の指導者階級が信仰を中心として、華やかな文化的世界の荘厳浄土に浴したかったことも、山・寺両門の存在を高くしたのである。このように考えると、朝廷や貴族が必要とした延暦寺や園城寺を護持し、繁栄させるために、僧兵が必要であった。

Ⅲ　裹頭と兵杖

1　南都と北嶺の争い

多武峰の焼き討ち

院政は白河天皇が譲位された応徳三年（一〇八六）に始まる。一般に、院政の性格が最も強く発揮されたのは、白河・鳥羽・後白河・後鳥羽の四代、約百五十年間である。院政は、摂関政治とも武家政治とも違って、譲位した上皇が、天皇の直系尊属親として天皇の権威を維持するために専制的な政治を行ったものである。

この、およそ百五十年のあいだが、僧兵の活躍が最も顕著な時代であった。すでに、園城寺戒壇をめぐる山門と寺門との激しい争いを述べたが、南都北嶺の僧兵騒動はどれをとりあげても全盛時代にふさわしいものばかりである。まず、多武峰《とうのみね》の焼き討ちからとりあげよう。

多武峰は、大和国磯城《しき》郡多武峰村（現、奈良県桜井市）にあり、藤原氏の祖の鎌足がまだ中臣鎌足といったころ、中大兄皇子（のちの天智天皇）と、蘇我氏の専横を討つ密談をした所がこの峰だったので、談合した峰という意味で談峰《だんのみね》といわれ、多武峰と表記したのである。鎌足の子の僧定慧が、父の死後、その遺骸を摂津（大阪府）の阿威《あい》山から多武峰に移し、十三重塔を建て、大織冠廟（鎌足の廟所）とした。さらに、講堂を建て、鎌足の木像をまつる聖霊殿を建て、寺号を妙楽寺といったが、一般には、多武峰寺《とうのみねでら》と呼ばれてきた。明治維新の神仏分離により、寺号の聖霊院を談山神社と呼ぶようになった。談山神社へは近鉄桜井駅からバスで多武峰終点で降りるとすぐである。

本来ならば藤原氏の氏寺である興福寺の末寺であるべきだが、藤原道長の時代に、叡山の僧尊叡が多武峰にこもって台密を修行したときから延暦寺の末寺となった。このことを興福寺では不満として、つねに異議を唱えてきたが、道長は興福寺の末寺になることを許さなかった。理由はよくわからないが、当時、藤原氏は南家・北家・式家・京家の四家が対立していたので、道長の独自の立場を象徴して北家を誇るために、多武峰を叡山の末寺としたのであろう。もっと深い理由は、道長が太政大臣となり、平安京で有力な政治権力を維持するために、延暦寺と結びつく必要があったからと思われる。

多武峰の僧兵活動を見てみよう。円融天皇の永保元年（一〇八一）に、興福寺の堂衆と多武峰の下役の僧とがつまらないことで争い、それがもとで、三月五日に奈良から多武峰へ僧兵が向かい、多武峰の麓の民家三百余戸を焼き、聖霊院へ攻め上ったので、多武峰では大織冠の木像を避難させた。これは、源俊房の日記である『水左記《すいさき》』に書いてある。右大臣藤原宗忠の日記『中右記』を読むと、天仁元年（一一〇八）にも多武峰を焼き討ちした記録がある。全山の堂塔を焼失したという。

また承安二年（一一七二）にも、興福寺の堂衆が騒ぎを起こした。九条兼実の日記である『玉葉』や、『百練抄』によると、多武峰に比叡山の日吉権現を勧請して宝殿をつくり、祭礼を行ったが、このとき、多武峰が興福寺を招かなかった。そこで、興福寺側が祭礼の出仕者の住宅に放火した。そのため、多武峰はすぐ比叡山へ訴えた。

すると、翌年、承安三年（一一七三）五月二十日に、山門の大衆が、北陸にあった興福寺の荘園を差し押さえた。それを聞いた興福寺の堂衆は、ただちに多武峰を攻め、南院の坊舎をはじめ、大織冠（藤原鎌足）の御影堂（聖霊院）・開山塔・講堂・金堂・常行堂・十三重塔・法華堂・宝蔵・鐘楼・惣社・曼荼羅堂・三重塔・先徳堂・食堂《じきどう》・大湯屋・浄土堂・五大堂など、ことごとくを焼失せしめたという。

焼失した堂塔の記録から想像すると、多武峰寺はずいぶんりっぱな大寺であったと思われる。堂塔がすべて焼けたというのだから、復興が困難だったと思われるが、さすがは藤原氏の寺だけあって、しばらくのあいだに再建された。

この焼失事件で、興福寺の別当の尋範以下は流罪とか、解官に処せられた。一方、延暦寺に対して、後白河法皇庁では、興福寺に報復しないようにと通達を出した。関白藤原基房は、使者を奈良へ送って、興福寺とその末寺の僧徒の責任を追求した。ところが興福寺では、僧綱をはじめ東西金堂の堂衆約四千人が、甲冑をつけて金堂前に集まり、基房の使者に抵抗したという。

『玉葉』の筆者は、「延暦寺にも注意の通達をしているが、多武峰を焼いたのは興福寺の衆徒であるから、延暦寺を叱るのは不本意」と述べ、「多武峰の焼失で興福寺の貫首（別当）が停止」になったのは当然だ、と言いながら、「延暦寺も奈良の七大寺の寺領を取り上げているので、興福寺のみ責めるのは不公平」とも評した。

興福寺の衆徒は、この処置に反発して蜂起した。前に流罪となった法橋覚興を許し、延暦寺が取り上げた奈良七大寺の寺領を返してほしい、と院庁へ訴えた。興福寺は、配下の石清水八幡宮へ神木入洛の協力を求め、宇治の平等院へは事情を述べて宇治橋の修理を頼んだ。準備をととのえると興福寺は、延暦寺へ挑戦状を出した。承安三年十一月三日、神木は木津へ進んだ。院庁は平重盛に命じて宇治橋でくいとめようとしたが、衆徒軍は宇治に入り、北嶺の大衆と合戦の意気に燃えた。六日には、吉野の金峰山寺の大衆が興福寺に味方して入洛に加わった。

後白河法皇は、院の近臣藤原俊経を派遣して、興福寺と延暦寺とに合戦をやめさせようと和平交渉にあたったが、解決しなかった。

後白河法皇はたいへん立腹して「興福寺衆徒は理非も論ぜず、春日祭を中止し、わが熊野詣を妨じるは謀叛の事なり」と、言ったという記録が残っている。法皇は、奈良の東大寺・興福寺・元興寺・薬師寺・法隆寺・大安寺・西大寺・新薬師寺・不退寺・法華寺・宝鏡寺・弘福寺などの荘園を取り上げた。法皇の激怒のほどがうかがわれる。

このように、南都と北嶺とは、対立抗争が激しく、院庁が仲に立っても、融和しなかった。ところで、多武峰の焼き討ちは興福寺が攻撃したのだが、遠因は、多武峰が延暦寺と手を結んでいたから、やむなく興福寺と多武峰とは対立したのである。藤原氏のニューリーダー道長が自分の栄華を実現するために、多武峰と延暦寺とを結びつけたことが、多武峰を悲惨に追いこんだのである。決して僧兵の罪ではなかった。

日吉社の神輿

南都北嶺の僧兵が派手な争いをくりかえした院政時代に、最も先頭を飾るものとして日吉社《ひえ》の神輿振りがあった。

強訴に春日の神木が持ちだされたことはすでに述べたとおりだが、神輿を登場させたのは熊野が最初であった（一二一ページ参照）。けれども、嘉保二年（一〇九五）十月に起こった日吉社の神輿の出動は激しかったので、北嶺の僧兵活動として特筆される。

『百練抄』や『中右記』の記事から要約すると、事の起こりは、延暦寺の僧が美濃国（岐阜県）で乱暴をはたらいたことによる。美濃守の源義綱が逮捕に向かったところ争いとなり、死傷者や捕らわれ者がでた。捕らえられた者はすぐ許されたが、殺された者のなかに延暦寺の下級法師円応がいた。

そこで叡山の大衆が、源義綱を流罪にせよと朝廷へ訴えた。その訴え状を持って入洛した者は約三十名だったという。賀茂川のあたりに到着すると武士の妨害に遭った。叡山の大衆がそれを破って御所へ近づいたとき、関白藤原師通の命を受けた武士たちがさらに阻止した。これを聞いた叡山は、さらに大衆を動員して山を下り、朝廷へ向かったが、途中でまた武士に遮られた。そこで、三千の大衆が日吉の社前に集まり、大般若経六百巻を読誦し、山王七社の神輿を山上へかつぎあげて祈願をこめ、京の町へ下った。朝廷はこれに対し、源頼経に阻止を命じた。武士たちと神人らとが正面からぶつかり、激しい合戦を展開した。

『百練抄』は、こう述べている。

十月二十四日、天台の宗徒が美濃守義綱に山僧が害されたことを訴えたため、神輿を相具して参陣の間、中務丞頼経が之を防ぎ、神人大衆を射る。

『中右記』によると、嘉保二年十月二十四日に、日吉社の神人や下僧ら六、七人が入洛したとき迎え撃った武士によって、僧三人と禰宜《ねぎ》一人が殺されたと書いてある。『天台座主記』には、「十月二十四日、日吉の神輿を中宮に振り上げ奉る。神輿登山の初度也」とある。

このほか、日吉社の神輿を奉じて僧兵が京へ入った事件は、白河上皇の保安四年（一一二三）にも起こった。当時の天台座主は、無動寺の寛慶であった。無動寺は叡山三塔のうち東塔に属しているが、西塔・横川とは仲が悪かった。たまたま山内の寺領のことで訴訟問題が起こったとき、寛慶は西塔・

横川に冷淡な態度をとった。そこで、腹を立てた西塔と横川とが相談して、寛慶を座主の地位から追放しようとした。

訴えられた朝廷では、この問題を保留にした。そこで叡山の大衆は、山王七社のうち、八王子（牛尾神社）と、客人《まろうど》（白山姫神社）と、十禅師（樹下神社）の三社の神輿をかついで京へ向かった。西坂本までくると、院の武士が妨害して朝廷への訴えを拒絶した。叡山では、すぐに大宮・二宮・聖真子（宇佐宮）・三宮の、四社の神輿を持ちだして再び京へ向かった。

朝廷では平忠盛と源為義に命じてこれを撃退したので、叡山の僧兵は大敗した。このとき祇園社の神輿もかつぎだそうとしたが、失敗した。この騒ぎは叡山の敗退に終わったが、山王七社の神輿がすべて京へくりだしたのはこれが最初であった。敗退した僧兵たちは、神輿を京へ放棄したまま叡山へ帰った。院庁では、放棄された神輿がかなり破損したので、すべての神輿を新造して坂本へ送り届けた。叡山に対してご機嫌をとったのである。やっと紛争が終わった。

その後も、日吉の神輿振りは事あるごとにくりかえされ、南都に比べて北嶺の勢力の強さを示した。

『平家物語』の作者は、巻一においてつぎのように描いた。

山門の大衆、国司加賀守師高《もろたか》を流罪に処せられ、目代《もくだい》近藤判官師経《はんがんもろつね》を禁獄せらるべき由、奏聞《そうもん》度々に及《およぶ》といへども、御裁許《ごさいきょ》なかりければ、日吉の祭礼をうちとどめて、安元三年（一一七七）四月十三日辰《たつ》の一點に、十禅師・客人・八王子三社の神輿《しんよ》かざり奉て、陣頭へふり奉る。さがり松（京都市左京区下り松町）、きれ堤（高野川提の一部か）、賀茂《かも》の河原、糺《ただす》（左京区糺の森）、梅忠（上京区一条京極付近）、東北院のへんに、しら大衆（官位をもたない僧）・神人・宮仕《みやじ》・専当《せんとう》（雑務を司る下法師）みちみちて、いくらと云数をしらず、神輿は一条へいらせ給ふ。御神宝（神輿のこと）天にかがやいて、日月地に落給ふかとおどろかる。

大衆が京へ入ると、「源平両家の大将軍、四方の陣頭をかためて、大衆ふせぐべき由」の命令が下り、平家は「小松の内大臣の左大将重盛公、其勢三千余騎にて大宮面《おもて》の陽明《やうめい》・待賢《たいけん》・郁芳《いくはう》三の門をかため給ふ」とあり、源氏は「大内守護《だいだいしゅご》の源三位頼政《よりまさ》卿、渡辺のはぶく（省）、さづく（授）をむね（主な大将）として、其勢わづかに三百余騎、北の門、縫殿《ぬひどの》の陣をかため給ふ」とある。文学の叙述であるから多少の誇張はあるにしても、叡山の大衆が平氏や源氏に対抗するだけの勢力をもっていたことは、事実と考えてよいだろう。ところで、このとき叡山の大衆が北の門の無勢を知って神輿を入れようとしたところ、頼政が使者を送って、大衆の名誉のために、平家の大将が守っている東の陣から入れと申し入れたところ、若大衆は「ただ此門より神輿を入奉れ」と言ったが、「老僧のなかに三塔一の僉議者ときこえし摂津竪者《せつつのりつしや》（竪義という試験に合格した僧）豪運」が、東の門から入るべきだと言ったので、「神輿を先立まゐらせて、東の陣頭、待賢門より入奉らむとしければ、狼藉《らうぜき》忽に出来て、武士ども散々に射奉る。十禅師の御輿《みこし》にも箭《や》どもあまた射たてたり。神人宮仕射ころされ、衆徒おほく疵《きず》を蒙る」激戦となった。

以上の記事から、僧兵が京へ強訴に及ぶにあたって日吉の神輿を持ちこんだ様子がよくわかる。また、叡山の大衆とともに行動した「大衆・神人・宮仕・専当」らのほとんどが、民衆と呼んでよい人々であったことにまちがいなく、僧兵の心意気が盛んなものであったことも知ることができる。このことは、『源平盛衰記』巻四にも「山門御輿振りの事」として、くわしく述べられている。

2　祇園と清水の対決

祇園社の神輿

延暦寺の京での拠点となった祇園社は、今、八坂神社と称され、京都市東山区の四条通りの東端にある。円山公園に隣接し、花街祇園の中心として観光客で賑っている。

祇園社の創立には諸説があってよくわからないが、『新撰　京都名所図会』巻一（白川書院・昭和三三年）によると、六五六年（斉明天皇の二年）八月に、わが国へ渡来した高麗の伊利之使主《いりしのおおみ》（八坂氏の祖）が氏神社として創立したという。天智天皇のころは感神院《かんじんいん》と称し、平安時代になって僧円如が牛頭《ご ず》天王を勧請《かんじょう》した。後に下河原に祇園社が建立され、その隣に祇園寺ができた。

中世には、興福寺の別院だった感神院が延暦寺の別院となり、祇園社は日吉社の末社となった。勅会（朝廷の主催）の法華八講も行われ、社領は三条・四条あたりにあり、そこに住んだ商工業者が祇園社の神人として奉仕した。明治維新になって、八坂神社と改称し、今日では、京都二十二社の一つに数えられ、本殿は祇園造りの様式を伝える重要文化財である。

現在の祭神は、素戔嗚尊・奇稲田《くしなだ》姫命・八王子命で、祇園会・おけら祭りで賑っている。

長治二年（一一〇五）一月元日のことであった。祇園社の神輿がかつぎだされて、強訴が起こった。いうまでもなく、山門の大衆が祇園社に命じての騒ぎであった。

事の起こりは、長治元年十二月二十五日の円宗寺で行われた法華会である。このとき、園城寺の証観が論義法要の最高の役である探題になった。探題は勅命で決められるのが例で、しかも円宗寺の探題は延暦寺の天台座主の推挙によったが、証観にはそれがなかった。叡山は、すぐに罷免するよう訴えたのである。

円宗寺は、現在、廃寺であるが、仁和寺の南西（京都市右京区花園町）にあった。延久二年（一〇七〇）に建立され、金堂・講堂・法華堂などがあった。とくに、天台宗の僧が僧位・僧官の昇進に際し、経歴として必要な法華会《ほつけえ》（法華経を講ずる法会）・最勝会《さいしようえ》（金光明最勝王経を講じ、国の安泰を祈る法会）が、勅会で行われる寺であった。

『中右記』によると、長治元年十二月三十一日の夜、延暦寺の大衆と祇園の神人とが祇陀林《ぎだりん》寺に集まったという。同寺は、京の中御門京極の東（京都市上京区寺町竹屋町上ル下御霊前町付近）にあった天台宗の寺で、良源の弟子の仁康が建立した。

集まった大衆と神人らは祇園の神輿を持ち出した。この強訴の集団は、鉦と太鼓を鳴らして御所の右衛門の陣（大内裏の宜秋門を入った右衛門府）に着いた。元日を選んだのは、役人が多く集まって出仕する日だったからである。『中右記』には「元日早々宮闕を犯すのは、朝威をないがしろにするもの」と書いてある。

院庁では、儀式が終わると白河法皇がすぐ御前会議を開き、証観の探題職をやめさせる院宣を出したので、大衆らは引き揚げた。

事件のあらましは右のようであるが、『天台座主記』に「祇園の神輿を振り奉る初度なり」とあるので、なぜ祇園社の神輿をかつぎだしたのか、考えてみよう。

山門の大衆と日吉社の神人とが、祇園社の神人と組んで、事を速やかに成功させようとしたのである。祇園社は、叡山の僧兵が御所の鼻先に進出して朝廷や武士の動きを把握するためのものであった。叡山の前哨としての祇園社だった。このように重要な祇園社だから、叡山としては、問題を早く解決するために祇園社の神輿を出したのである。

『中右記』には、長治二年二月十九日に祇園社で盛大な如法仁王会が行われたとある。二月二十八日には源国信が勅使として参拝した。

ところで、長治二年の春に、九州大宰府《だざいふ》の竈門《そうもん》社で事件が起こった。これは祇園社と関係があるので述べよう。大宰権帥藤原季仲の部下が竈門社の神輿に矢を射て、神人を殺した。竈門社の別当は石清水八幡宮の光清だったが、季仲と組んでいたので、延暦寺は季仲・光清らを流罪にせよと強訴に及んだ（一四二ページ参照）。院庁は何度も会議を開いたが解決しなかった。

そして、六月がきた。竈門社の事件が尾を引いていたので、祇園祭りの当日、検非違使中原範政の家来と祇園社の神人とが、ちょっとしたことで争いとなった。このことを祇園社の神人が延暦寺へ訴えたため、日吉社の神人も参加して、十月三十日、祇園社の神輿を奉じて院へ強訴に及んだ。『中右記』には、「山門の大衆三千人」とあり、放声怒号して陽明門に至った、とある。近くにあった右大臣藤原忠実の邸では、心配してその妻子を避難させた、という記事もある。

叡山は、大宰権帥の季仲と竈門社別当の光清とが親交があったから共謀して騒ぎを起こしたのだとして、二人の処分を院へ訴えた。すると、光清がいたことのある石清水八幡宮の僧兵たちがこれを聞いて、待賢門（大内裏の東側にある門）の近くへ進出した。叡山の大衆がこれに対抗した。院では、石清水の神輿をかついで僧兵が入洛すると、叡山の僧兵も大挙して京へ入るので、洛中が動揺すると心配し、光清の別当職と季仲の大宰権帥職とをただちに免ずることにし、季仲は周防（山口県）へ流罪となった。そして、検非違使の中原範政も解任したので、いちおうこの騒ぎは解決した。

この事件について『中右記』の筆者は、「検非違使が神人に凌辱されて命からがら逃げだし、まったく朝廷の威光無きがごとくであり、その責任者範政が神人の要求どおり罪に問われるのもわけがわからず、また、神人が神域以外に神輿をもちだすは誤りなり」と評している。

清水寺騒動

僧兵の勢力は、初期においては、山門と寺門との争いで成長した。そして院政時代になると、南都と北嶺との争いで全盛時代を迎えた。僧兵の代表格・最右翼といえるのは叡山の僧兵であるが、南都の僧兵も決して軽視できない勢力を持っていた。

京都の東山にある清水寺《きよみずでら》は、平安京ができたころ、延鎮を開祖として坂上田村麻呂が建立した、と伝えられている。法相宗で、奈良の興福寺の末寺であった。現在は、京都の東山観光コースの拠点で、清水の舞台は三十三間堂についで多くの観光客がある。西国観音霊場第十六番札所で、百歳を超えてなお布教活動の盛んだった故大西良慶師の寺としても有名である。

院政時代には、叡山と興福寺とが争うたびに、かならずといっていいほど、清水寺は叡山の僧兵に攻められた。ましてや、清水寺のすぐ近くに祇園社があったから、清水寺と祇園社との小競り合いが絶えず、時にその争いが発展して、叡山の僧兵と南都の僧兵との合戦になることもしばしばであった。

天仁元年（一一〇八）五月のことである。清水寺の別当が祇園の神人に恥をかかせたという理由で、叡山の僧兵が怒り、摂政藤原忠実の邸へ訴えた。これを聞いた興福寺の衆徒が立ち上がり、両者が争った、と『百練抄』にある。

また、天永四年（一一一三）三月のことであった。清水寺の別当に叡山で出家した円勢が補せられたとき、興福寺の衆徒が、春日社の神木を持って強訴に及んだ。訴えの内容は「清水寺は興福寺の末寺だから、その別当には興福寺の僧を任命せよ」というものであった。

院庁では、この訴えをとりあげて審議したところ、むかし平安中期の代表的な仏師定朝が清水寺の別当をつとめたことがあったので、円勢が別当になっても不都合がないではないか、と説明した。すると興福寺は、定朝は清水寺で出家したが、円勢は叡山で得度している。円勢の別当職をすぐやめさせてほしい、と訴えた。そこでやむなく、院庁は円勢を辞退させた。そして、興福寺の権別当の永縁を任命した。興福寺の衆徒は引き揚げた。

ところが、納得できないのは叡山であった。大挙して、叡山の僧兵が清水寺を襲い、堂塔をことごとく破壊した。そして、祇園社・北野社（京都市上京区馬喰町の北野神社。菅原道真をまつる）の神輿をかつぎ、五百人ほどで白河法皇の院庁へおしかけ、興福寺の訴えや行動は非だとし、興福寺の別当実覚を処罰せよ、と申し込んだ。このときのことは高階隆兼絵、鷹司基忠ら書の『春日権現験記絵巻』第二巻の「永久衆徒闘乱事」で述べている。『百練抄』には「堂舎を伐損し」「山大衆が祇園に集会して合戦を為す」とある。

このとき、検非違使の源光国・平正盛・平忠盛・源為義らがこの騒動を防いだという。院庁ではすぐに関白藤原忠実・内大臣源雅実らが集まり、相談した。藤原氏側はだれもかれもが口を閉じて意見を述べなかった。『中右記』によると、結局は延暦寺の要求を入れて興福寺の別当職の実覚を処分したが、南都はこれに強い反抗を示したという。

『中右記』の筆者は「天上天下、大衆の威を畏れて、朝家の威を軽んず、天の滅ぶる時か。衆徒に責められて裁許あらんとす、人力の及ぶべからざるか。衆怒雷の如し、一人のこれを救ふべきものなきは、ただ、これ仏法も王法も共に滅亡の秋《とき》なり」と、誇張した表現で書いている。

この事件だけから判断すると、南都・北嶺の勢力は伯仲であったが、やや叡山が優位にあったと思われる。

ところが、おさまらない南都としては、続いて、興福寺から三つの訴えをもって抗議した。一つには天台座主仁豪と大僧都実慶との二人を流罪にせよ、二つには実覚の罪を許せ、三つには祇園社を興福寺へ返せ、というものであった。騒ぎは拡大されて奈良七大寺の衆徒が集められ、春日社・薬師寺・東大寺八幡宮から、神輿をかついで入洛した。これを聞いた叡山の大衆も、黙っていられないので入洛した。そして、正面から激突する勢いとなった。

そこで白河法皇は、南北僧徒の争いをやめさせるために、伊勢・石清水・賀茂・春日・日吉・祇園・北野の七社に平和祈願をした。「石清水八幡宮文書」のなかに、この祈願のために納められた鳥羽天皇の宣命がある。そのなかに「年来、神人濫悪を先となし、緇侶貧婪《しりよひんらん》を本となして、或は公私の田地を押領し、或は上下の財物を掠取る。京畿を論ぜず、辺陲《へんすい》を嫌はず、党を結び、群をなして、城を塡《うず》め郭に溢る、ただに人民を滅亡するのみに非ず、兼ねては同侶同伴も合戦をなす。学を抛《な》げて刀兵を横たへ方袍《はうはう》を脱して甲冑を被りたり」とあり、「神人の濫行を見ては、万人歯を切り、衆徒の威勢を聞いては、四海脣を反す。近日神人浄侶とも訴を致すに、度々の制符に背いて、猥《みだ》りに神輿を舁《かつい》で公家を驚かし奉る。これ朝威をゆるがせにするのみか、かえつて神慮を憚《はば》からざるなり」などとあって、朝廷側の一方的な言い方であるけれど、ずいぶん激しい表現となっている。

祈願の効験もむなしく、忠実は言葉をつくして南都の僧兵を諭したが聞き入れられなかった。南都と北嶺との京都での大合戦の噂に住民は恐れおののき、院庁では何回も会議を開いた。『中右記』によれば、院庁では奈良の諸大寺に対して、興福寺を応援するな、という院宣を下した。東寺では僧徒の争乱を鎮めるための大威徳法の法儀が修せられた。

興福寺の衆徒は叡山を攻めるため上洛の途についた。朝廷は、検非違使の平正盛・忠盛らに、宇治の栗前山で迎え撃つよう命じた。この戦いで、僧徒三十人が殺され、そのほか九十人ほどが負傷した。一方、叡山の大衆も京都へ入り、検非違使の源光国らが西坂本へ向かったが、すでに山徒は祇園社に集まっていた。ところが、急に、興福寺の衆徒が宇治から京へ向かわず、奈良へ帰ったので、山徒も叡山へ引き揚げた。

この事件はこれでいちおう終わった。院庁では、南都北嶺の洛中での戦いが激しいと住民の被害が大きいので、両雄の合戦をいつもなんとか、くいとめることに努力した。そのたびに検非違使のほかに、院に常置の北面の武士が起用された。

律令制のもとでは、地方政治の核心は国司であった。院政時代になると、各地の国司のなかには私欲に走る者が多かったので、地方の政治・治安が不安定になった。国衙の役人や郡司らは、一族の者や配下の農民に武器を持たせて小武士団をつくった。こうして、有力な豪族を中心にして、武装した家子《いえのこ》や郎党らによって武士団が結成されて成長し、強い存在となった。朝廷は、これらの地方の武士を押領使《おうりようし》や追捕使《ついぶし》に任じ、軍事や警察の任務にあたらせた。また、京に招いて、滝口《たきぐち》の武士として御所の護衛にあたらせた。院庁の北面の武士も、こうして登場した。なかでも、最も有力だったのが桓武平氏と清和源氏であった。僧兵の騒動が起こるたびに、院は北面の武士を起用したのである。

僧兵の取り締まり

南都北嶺を中心とする僧兵の最全盛期にあって、朝廷は僧兵のなすがままに放置していたわけではない。できる限りの対策を講じた。

ところで、平安時代の神祇・仏事などの法令である『類聚三代格《るいじゆうさんだいきやく》』によると、延喜二年（九〇二）三月、左大臣藤原時平の主導のもとに官符が発布され、班田制・田租制などに関する条項が実施された。最初の荘園整理令である。しかし、これはあまり効果がなかった。長久元年（一〇四〇）にも、寺社が新しく荘園を経営することを禁じている。また寛徳二年（一〇四五）にも、荘園の新立を禁じている。ところが、これらの取り締まりはすべて失敗に終わったといわれている。

だが、延久元年（一〇六九）に後三条天皇が行った荘園整理は、従来と違って積極的であったという。太政官朝所《あいたんどころ》に記録荘園券契所《けいじょ》を置いて、新立荘園や不正荘園の停止を実施した。たとえば『平安遺文』によると、石清水八幡宮への太政官牒には、八幡宮護国寺の寺領六か国三十四か荘のうち、二十一か所は調租をもとのごとく免除されたが、新しく荘園となった十三か所は不輸（租税の免除）を停止されたとある。単なる有名無実の取り締まりではなかったようだ。荘園の取り締まりは、僧兵の取り締まりに密接につながるのである。

白河上皇の院政時代には、寺社の荘園の取り締まりはさらに厳重であった。後三年の役の後、これに参加した東国の武士の中には、源義家と主従関係を結ぶものが少なくなく、また、義家に自分の土地を寄進してその保護を受けようとする者も多かった。こうした動きに対し、寛治六年（一〇九二）五月五日、院は義家が諸国に構立した荘園を禁じたのである。また一方、禁止されたのに諸国の国司が荘園を新設したという記録が残っている。院は、義家の荘園禁止をきっかけに、寺院の荘園も貴族の荘園も取り締まりの対象にした。

『中右記』には、嘉保元年（一〇九四）に、伊勢神宮や東大寺が荘園の新立禁止に違反したため、荘園の年貢を押収された、とある。

院はかなり勇気をだして、僧兵のゆきすぎた行動をきびしく取り締まった。崇徳天皇の大治四年

（一一二九）のことである。奈良仏師の長円が、院宣をもって興福寺の大仏師に補せられ、別当法印と称した。これに対して、それは京都の清水寺の別当になる準備だとして反対した大衆二百人ほどが、奈良坂へ来て長円を襲った。長円を捕らえた大衆は、長円の従者の童子らを傷つけた。長円は興福寺の南大門につれてこられたが、時の興福寺の別当法印玄覚のとりなしで許された。

院は、検非違使の平盛道のほか、源光信・源為義・同義成・平盛兼らを南都へ派遣して大衆を取り調べさせ、大衆のうち上座の維覚・尊知らを捕らえて帰京した。そして長円を襲った責任者の已講の覚誉・斎実・覚清らを叱責し、一乗院主恵暁を播磨（岡山県）の書写山へ、経覚を美濃（岐阜県）へ、寛兼を信濃（長野県）へ、また、源祐を讃岐（香川県）へ、それぞれ流罪に処した。いずれも興福寺の大衆を指導した僧たちであった。これらのことは『中右記』や、皇后宮権大夫源師時の日記『長秋記』に書いてある。

さらに鳥羽上皇のころにも、院は僧兵の取り締まりに力を入れている。しかし、僧兵の暴挙は長いあいだに培われたものだから、容易には抑えることがむずかしかった。

天養元年（一一四四）には、摂政藤原忠通が源忠清に命じて大和の荘園を調査させ、それが興福寺領にも及んだ。そこで同寺の衆徒が反対し、忠清を配流せよと訴えた。内大臣の藤原頼長は、断乎としてその要求を拒絶した。

後白河天皇も、南都北嶺の激しい争いを見て、とくに寺院を統制し、荘園の新設をきびしく取り締まろうとした。保元元年（一一五六）九月十八日には、七か条からなる禁制をつくり、諸国の社寺・貴族に対して新しい荘園をつくることを禁じ、悪僧・神人の乱行を戒めた。たとえば、神社では「伊勢・石清水・上賀茂・下賀茂・春日・住吉・日吉・祇園」などの社司が、みだりに「賄路《わいろ》に耽り、猥《みだり》に神人と称する」ことを禁じた。また、寺院では「興福寺・延暦寺・園城寺・熊野・金峰山」などの僧が、「僧供料」とか「会頭料」とか称して「公私の物を掠め取る」ことを禁じた。このほか、住吉神人の乱行を禁止したこともあった。

後白河天皇は、退位して上皇になっても、藤原通憲（信西）を起用して各方面の粛正を徹底して行った。とくに寺社にきびしかったという。ところがそれは建て前で、実際は、後白河上皇の禁制はあまり強くなかった。策略にすぐれていた上皇だから、権謀術数《けんぼうじゅつすう》を用いて時勢の流れに応じて平清盛・源義仲・源頼朝らにあたり、朝廷の権威の存続を図った。寺社を取り締まって、天皇家の権威を示し、僧兵を抑えることができたら、公卿も武士も支配しやすくなる、と考えたのである。

興福寺の所領の多い大和では、公田が少なかった。だから、院が検地を徹底すると、興福寺の衆徒は院へ強訴し、再三にわたって寺領の調租免除の訴えをしたこともあった。

このように、為政者が寺社の僧兵を取り締まったのは事実であるけれど、意外と僧兵が騒いでいない。それは、『平家物語』巻八「寿永二年」に「法皇天台山（比叡山）にわたらせ給ふ」とあるように、後白河法皇が寺社と友好関係を結ぶためにしばしば寺社に詣でていたからであった。

従来の史家が院の無力のため僧兵の乱暴狼藉を放置したままであったというのは誤りで、拱手傍観していたわけではない。しかし、取り締まりが成功しなかったのも事実であった。それは、院の勢力よりも僧兵の勢力が強かったからである。したがって、院政下の僧兵は事あるごとに騒動を起こしたのであった。

3 北嶺の優勢

額打ち論

清水寺をめぐって南都と北嶺との争いはさらに続いた。『源平盛衰記』によると、永万元年（一一六五）八月九日にも、叡山の大衆が清水寺を襲って、堂塔を焼いたとある。『百練抄』にも、この事件を伝える記事がある。永万元年七月二十七日、二条天皇が崩御し、八月七日に仁和寺で火葬にされた。このとき、会葬の順に寺の額を立てる習慣があった。いつもは、奈良の東大寺が一番で、二番が興福寺、三番が延暦寺であった。しかるにこのとき、二番の興福寺の所へ延暦寺が額を打った。そこで問題が起こった。

興福寺の衆徒は立腹した。同寺の観音坊・勢至坊・金剛坊などの僧兵が、鎧を着けて大長刀を持ち、延暦寺の額を切り倒し、興福寺の額を立てた。この場では延暦寺の大衆はおとなしくしていたが、八月九日になって清水寺を焼き討ちするという挙に出た。

このことは、よほど大変な事件であったらしく、『平家物語』の巻一に「額打論」という一節がある。

さるほどに、同七月二十七日、上皇つゐに崩御なりぬ。御歳二十三、つぼめる花のちれるがごとし。玉の簾《すだれ》、錦の帳《ちやう》のうち、皆御涙にむせばせ給ふ。やがて其夜、香隆寺のうしとら、蓮台野の奥、船岡山におさめ奉る。御葬送の時、延暦・興福両寺の大衆、額うち論と云事《いふこと》しいだして、互に狼藉に及ぶ。

続いて「一天の君崩御なつて後、御墓所へわたし奉る時の作法は、南北二京の大衆悉く供奉して、御墓所のめぐりにわが寺々の額をうつ事あり」とあって、伝統風習のことをくわしく述べている。そして「南都の大衆、とやせまし、かうやせましと僉議《せんぎ》する所に、興福寺の西金堂衆、観音房・勢至房とてきこえたる大悪僧二人ありけり」とあり、僧兵のことがでてくる。

この記述によると、伝統風習を重んじるという日ごろの延暦寺の主張と異なり、この事件では明らかに延暦寺が無茶をしたことになる。叡山の大衆が黙って引き下がったのも当然であった。しかるに、叡山は清水寺を焼き討ちにしたのである。

院政時代にあっては、南都も北嶺も、どちらが正しく、どちらが悪いとも言えない争いをくりかえしたのだが、表面的には清水寺を焼いた叡山に非があった。『平家物語』巻一には、「清水寺炎上」として文学的にとりあげた。「山門の大衆、狼藉をいたさば手むかへすべき所に、ふかうねらう方もやありけむ、ひと詞《ことば》もいださず。御門《みかど》かくれさせ給ては、心なき草木までも愁《うれひ》たる色にてこそあるべきに、此騒動のあさましさに、高《たかき》も賤《いやしき》も、肝魂《きもたましゐ》をうしなつて、四方へ皆退散す」という書きはじめで、「山門の大衆、六波羅へはよせずして、すぞろなる清水寺におしよせて、仏閣僧坊一宇ものこさず焼はらふ。是はさんぬる御葬送の夜の会稽《くわいけい》の恥を雪《きよ》めんが為とぞきこえし」などとある。

後日、この事件はいろいろ取り沙汰された。たとえば、後白河上皇がひそかに叡山の僧兵をそそのかして南都との争いを起こし、平清盛を討つために清水寺を焼いたのだという者もいた。その理由が『源平盛衰記』には、こう書いてある。後白河上皇は、院政を充実し成功させるには武士があまりに勢力を得たので、邪魔になったから叡山の僧兵の力を用いて武士の統率者たる平氏を抑え、院の権威を高めようとしたのだ、と。

このとき、巷にさまざまな風説が飛んでいた。そのなかに、叡山の大衆が平清盛を討つため攻めてくる、というのがあった。そこで、平頼政・為経・康綱らが迎え撃つ用意をした。六波羅は平氏の武士でごった返した。叡山からは衆徒数百人が入洛した。清水寺の僧兵は二方面に分かれた。一つは清水寺と清閑寺との境に五百騎、もう一つは山井の谷の橋のあたりに千騎余りが集まった。平氏を攻めるかと思って色めいた六波羅は、叡山の僧兵が額打論の仕返しに、興福寺の末寺である清水寺だけを攻めるのだと知って、ひとまず平穏になった。

町衆たちは「蟷螂《たうらう》（かまきり）が手を挙げ、毒蛇を招き、蜘蛛《ちちゆ》（くも）が網を張りて飛鳥を襲ふ」のたとえのようで、叡山の僧兵を敵にして危ない危ない、と言って笑った。『源平盛衰記』の作者は以上のように述べて、山徒が放火すると、清水寺の僧兵は「もろくも四散し」たと、あっさり結んだ。さらに『源平盛衰記』には「山僧は田楽法師に似たり。打つべき敵をば打ちかへさで、傍なる者を打つやうに、興福寺の衆徒に額を切られ、清水法師が頭をばはりたり」という京童の評をとりあげている。これは、叡山を非難したものである。「打つべき敵」の興福寺をやらずに、清水寺を焼いたのは悪い、という批評である。

この事件を重くみた興福寺では、さっそく大衆を動員して京へ上って叡山の末寺・末社をことごとく焼こうとした。院はこのことを知ると、興福寺別当にすぐ中止するよう伝えた。延暦寺に対しても、悪僧を追放せよと命じた。喧嘩両成敗のさばきであった。南都の僧兵を抑えるために派遣された右中弁藤原俊経は、興福寺の衆徒につかまって帰れなかったという。山門の悪僧の最慶・玄栄・玄延らは、それぞれ薩摩《さつま》（鹿児島県）・壱岐《いき》（長崎県）・大隅（鹿児島県）へ流罪になり、額打ち事件は解決した。

興福寺の衆徒は、その後も、いきりたって京へ上る勢いにあった。院は、興福寺の僧十人を僧綱に任じたりして、いろいろと興福寺衆徒の心を慰める対策をとった。しかし、興福寺はなかなか満足に至らず、第五十三代天台座主俊円を流罪にせよ、と訴えた。院はこれを受け入れる、と答えたので、奈良の衆徒は帰った。が、俊円の流罪が実施されなかったので再び騒動がもちあがり、南都北嶺の抗争はいつまでも続くのであった。

以仁王の乱

治承四年（一一八〇）のことであった。高倉天皇が病気のため退位されるので、平氏の信仰する厳島神社に参拝する計画が立てられた。

これを聞いた興福寺・延暦寺・園城寺は、強く反対した。とくに、源氏の信仰があつい園城寺が中心となって抗議した。表向きの理由は、譲位のときの参拝はかならず、八幡社と賀茂社に詣ずることがむかしからのしきたりとして決まっているから、平氏の信仰する厳島詣はいけない、というのであった。だが、その裏には、平清盛によって前年から幽囚中の後白河法皇を園城寺に迎えようとする意図があったのである。

平氏は驚いて護衛の兵をさしむけた。そして『平家物語』巻四の「厳島御幸」に述べられたように、治承四年三月上旬、高倉天皇と後白河法皇とは厳島詣をした。こうして園城寺の計画は失敗に終わったが、同寺の衆徒は反平氏の勢力をかため、やがて平氏の滅亡を導くことになるのである。

このころ後白河法皇と平清盛との対立が激しくなっていた。それが高倉天皇の譲位とからんで、後白河法皇の第二皇子以仁王《もちひと》が、皇位をねらうことになった。そして、以仁王は平氏の専横をにくむあまり、源頼政と手を結んで、平氏を討つために園城寺の援助を求めたのである。

以仁王の母は権大納言藤原季成の娘であった。王は、幼い時から才能が認められ、人望があつかった。しかるに、母が摂関家出身でないため親王の宣下がなく、不満であった。永万元年（一一六五）に元服したとき、人相を見た少納言宗綱が「望みを天下に絶つべからず」と言ったので、たいへん喜んだという。

いよいよその時が到来したと信じた以仁王は、みずから最勝王と称し、京都で味方として頼むに足るのは延暦寺と園城寺の僧兵だと考えた。しかし、延暦寺の第五十五代天台座主明雲が平氏と深いつながりのあるのを知って、園城寺を頼んだ。秘密のうちに平氏討伐の謀《はかりごと》が園城寺で計画された。高倉天皇が厳島神社の参詣を終わって帰京した四月九日、以仁王の名で、平氏討伐の檄文《げきぶん》が諸国の源氏に伝えられた。

『源平盛衰記』巻十四には、園城寺から興福寺への牒状があるので、引用しておこう。

園城寺牒す

特に合力を蒙りて、当寺の仏法の破滅を助けられんことを乞ふ状

右仏法の殊勝なることは、王法を守らんがため、王法の長久なることは、すなはち仏法による。こゝに入道前太政大臣平朝臣清盛公は法名を浄海といふ。恣に国威をひそかにし、朝政を乱し、内につけ外につけ恨をなし歎をなすあひだ、今月十四日夜、一院第二の皇子、不慮の難を逃れん

がために、俄に入寺せしめ給ふ。ここに院宣と号して出し奉るべき旨、衆徒を責むと云へども、衆徒一向これを惜み奉る。仍て彼の禅門、武士を当寺に入れんとす。仏法と云ひ、王法と云ひ、一時にまさに破滅せんとす。（略）願くは、衆徒、内には仏法の破滅を助け、外には悪逆の伴類を退けば、同心の至り、本懐に足りぬべし。衆徒の僉議かくの如し。仍て牒を送ること件の如し。

大衆等

治承四年五月二十日

興福寺からの返事は、すぐさま協力する、と言ってきた。ところが、この平氏追討の計画は事前に漏れたので、平氏は延暦寺へ、以仁王に協力しないようと伝えてきた。以仁王は源以光と改名させられ、土佐（高知県）へ流罪になった。

土佐へ行ったはずの以仁王は、ひそかに女装して園城寺へ帰ってきた。園城寺では僧兵を集めて以仁王のために戦う準備をした。九条兼実の日記『玉葉』に、つぎの記述がある。

諸国に散在する源氏の末胤らは多く高倉宮（以仁王のこと）の人たり。また、近江の国の武勇の輩は同じく以つて之に與《くみ》す。

平氏は、兵力を使わずに、以仁王を京都へ差し出すよう園城寺へ勧告した。しかし園城寺は応じなかった。

源頼政は、以仁王を奉じて挙兵した。園城寺の僧兵は、法輪院・円満院・金光院・常喜院・南勝院の堂衆を合わせて百人余りであった。これに頼政の一統を加えると千人ぐらいになった。これを知った平氏は園城寺を攻めた。延暦寺と園城寺の衆徒たちの足並みはそろわなかったのである。頼政は興福寺へ逃れようとして宇治の平等院までくると、平重衡《しげひら》・維盛らが三百余騎で追ってきた。頼政らは宇治橋を取りはずして平等院で戦った。このとき平氏の軍はふえて二万余になった。決死の奮戦であった。頼政は、流れ矢にあたり、平等院の現在「扇の芝」という辺りで自害したと伝えられる。以仁王も奈良へ遁《はし》る途中、にえの池（京都府綴喜《つづき》郡井出《いで》町）付近で流れ矢のため最後をとげた。興福寺では三万余人を集めて以仁王を迎えようとしていたが、事は終わっていた。

以仁王の挙兵に応じた園城寺は処分され、荘園を平氏に取り上げられた。こうして以仁王の一統は滅んだが、王の令旨を受けた全国の源氏は刺激されて擡頭した。

興福寺は、平氏に対抗する構えをとり、大和国にあった平氏の領地を取り上げた。はじめ平氏は触れないでいたが、事ここに至ると、興福寺の僧兵を攻めることにし、平氏の軍勢が奈良へ向かった。寺側では、奈良坂・般若坂でくいとめようとしたが力及ばず、南都攻めの大将軍平重衡の大軍は東大寺・興福寺以下の七大寺に火を放ち、堂舎を焼き、衆徒二百余人を殺した。

この南都焼き討ちにより、平氏が仏敵となるや、平氏に不満を抱いていた京都の貴族は反平氏の態度をとった。『玉葉』や中山忠親の日記『山槐記』を見ると、このあたりのことをくわしく記録している。これによると、僧兵の勢力は院や平氏と互角に立ちまわったと思える。さらに、園城寺の大衆が近江の在地武士と同盟を結んで平氏に抵抗したことなど考え合わせると、僧兵が武士の社会で重視されていたことがわかる。

清盛は、四面楚歌《しめんそか》の中に、治承五年（一一八一）二月、病死した。そして、寿永《じゅえい》二年（一一八三）五月、木曽義仲追討の平維盛が越中《えっちゅう》国境の倶利伽羅《くりから》峠で惨敗すると、勝ちに乗じた義仲は北陸道から近江に入り、まず、山門の勢力を頼みとして援助の牒状を叡山へ送った。叡山は義仲に期待して支持の態勢をとったので、平宗盛《むねもり》は天皇・法皇を奉じて西海へ落ちる計画を立てた。だが、後白河法皇はこのことに従わず、ひそかに叡山へ逃れた。宗盛はやむなく六波羅の邸を焼き、安徳天皇・建礼門院とともに西国へ遁った。

4　南都の僧兵と貴族

放氏第一号

南都の僧兵は、北嶺にくらべると、やや弱ってきたが、後白河法皇の時代になると、しばしば「放氏」といって、藤原氏出身の朝廷の役職者を、藤原氏一族から追放する事件を起こした。その放氏の決定権は僧兵が持っていたのである。

いうまでもなく、興福寺は藤原氏の氏寺であった。だから、興福寺の別当や三綱は藤原氏の出身者から選ばれるのが当然であった。とくに別当の地位は、現在の管長に該当し、権威を持っていたため、関白の子弟が多く就任した。このような関係を利用して、興福寺が藤原氏の氏人に対して、放氏という一種の制裁を加えたのである。もちろん、興福寺や春日社の利益に反する行為は、すべて放氏の対象となった。放氏されると、藤原氏一族の資格を失い、朝廷への出仕が不可能となるので、生活が苦しくなる。

ところで放氏の手続きだが、該当者がでると、まず、興福寺の利益に反することは藤原氏の先祖の意に反することだとする罪状が、興福寺の僧兵の僉議《せんぎ》の場に出される。そこで審議され、放氏が決定される。放氏を決めるのは僧兵たちであった。

さて、放氏の第一号の事例は、園城寺戒壇の設立をめぐって山門と寺門とが争ったときである。園城寺が再三戒壇の勅許を願いでても、山門が反対し続けた。そこで、園城寺は興福寺に頼んで奏状を出してもらった。その内容は、園城寺の僧は叡山で受戒する必要がないということであった。理由は、延暦寺が興福寺の末寺であったこと。東大寺の戒壇は大乗戒壇であること。延暦寺の開祖の最澄は興福寺の下役仁秀の弟子であったこと。これらによって、園城寺の僧が東大寺の戒壇で受戒することの妥当性が訴えられた。

朝廷では、くりかえし審議した。その審議の席に参議正三位藤原隆季がいて、延暦寺の主張に味方した。そのため隆季は、後日、興福寺の衆徒の僉議にとりあげられ、放氏が決議された。したがって、隆季の放氏は第一号となった。

処分の理由は、藤原一族でありながら、興福寺に反対したからである。長寛元年（一一六三）十一月の興福寺の牒に、その処分のことが詳説してある。藤原家成の長男の隆季は、儒者藤原範明の弟子で、能力がなかったのに三十歳で高官に就任したのは、藤原氏だったからである。しかるに、藤原氏の氏寺である興福寺にとってたいへん不利益な主張に賛成したから、放氏となるのは当然である、と衆徒が決議したのである。

これは、強い藤原氏が弱い藤原氏の足を切って、主流にのし上がろうとした事件ともとれる。

院政から約百年ほどたって、鎌倉幕府の執権北条貞時のころ、弘安七年（一二八四）八月二十八日、興福寺の僧が多武峰を襲撃する事件が起こった。その中心人物は興福寺の深慶・浄観らであった。そこで、朝廷はこの二人に対し逮捕状を出した。その宣旨に署名した蔵人治部少輔藤原兼仲に対し、興福寺の衆徒が怒って放氏すべく決議したという。

山階道理

藤原氏を守るために、一族のなかで反逆的行動にでた者を追放する放氏がしばしば行われ、その決定に僧兵がかかわったのは、「山階道理」（藤原氏の氏寺が山城国山科に建てられたので、藤原氏の都合のよい勝手な理屈のことをいう）といわれるように、事の道理のよしあしからでなく、祖先の意に背いたというのが理由で、きわめて都合のよい論理がまかり通った。したがって、追放の解除はほとんど行われなかった。

ところで、弘安七年に放氏された藤原兼仲の場合は、関白兼平のとりなしで、すぐ許された。許されることを続氏と称した。継氏ともいったという記録がある。続氏が許されると、藤原氏一族の資格が再び与えられる。兼仲は、本人の意志で延暦寺の味方をしたのではなく、行きがかりからやむをえなかったということで、早く続氏が許された。

たとえ行きがかりであっても、藤原氏に不利な行動をとれば放氏と決めるのが、南都の僧兵の論理であった。

世人はこの論理を「山階道理」と評した。これは、藤原氏の繁栄にとって勝手な理論だが、必要な道理であり、藤原氏の繁栄即国家の繁栄と考えられた。だから、放氏を決める僧兵の存在も高く評価され、院政下における僧兵の全盛期を迎える一つの原因でもあった。

大屋徳城著『日本仏教史の研究』（法蔵館・昭和三年）によると、鎌倉時代から室町時代にかけて、放氏は二十二件、四十余人もあったという。その中から、代表的な例を挙げておこう。「とかげのしっぽ切り」のようではあったが、それぞれの事件に見られる「山階道理」の強い力を、改めて認識したいのである。

正応二年（一二八九）には、右大弁の藤原雅藤《まさふじ》が追放された。これは執権北条貞時のころだが、幕府の領地を預かっていた興福寺の僧が年貢を納めてくれないので、幕府が使者を送って年貢を催促したところ、興福寺の僧兵が使者を追い返した。そこで、雅藤が僧兵を制止し、幕府の使者を迎えようとした。それが放氏の理由であった。

この雅藤の放氏は、興福寺の僧兵らの理不尽な考えが丸出しで、まさに「山階道理」の典型的な例であった。しかし、この「山階道理」は、立場を変えて考えると、藤原氏にとって最も強力な論理であった。

正応四年（一二九一）十二月二十七日には、公卿らを処分せよ、と興福寺の衆徒が神木を奉じて強訴した。そのため、年末年始の宮中の諸行事が中止、または延期となった。ところが、翌年一月七日の白馬節会《あおうませちえ》（宮中にひかせて来た若駒を天皇が御覧になり、後に宴を賜る）と、八日の御斎会《ごさいえ》（国家安寧と五穀豊穣を祈るために、最勝王経を講ずる法会）が予定どおり実施された。そこで興福寺の僧兵が怒った。すなわち、今、強訴中である。諸行事を中止するのが慣例である。しかるに藤原氏の氏人が何人か参加した。この際、節会や法会に出仕するのは祖先の心に背くことである。僧兵らの決議によって、参加した奉行人の藤原冬季・光泰・教経・宗冬・資高・冬良・宗嗣・長相・俊光・顕家らをすべて放氏した。

この放氏の理由をしらべると、一月八日の御斎会にはいつも講師が任命されるが、この年は南都にあたらず、延暦寺の永源が任命された。その不満も手伝って放氏となった。この放氏は、同年四月二十一日になって、続氏が許された。このときの興福寺の僧兵の行動は、伏見天皇も嘆いたように、「わがまま千万な所行」であった。

このような放氏は、以後も何回か続いた。時代がかなり下るのでくわしくは述べないが、院政時代の僧兵の勢力が後々まで影響を与えたことなので、書いておく。南北朝時代、康永三年（一三四四）七月十日、北朝の光厳上皇が足利幕府の要請で、諸寺に対し、各寺が所管する関所を廃止する院宣を下した。その院宣の執筆者である権中納言四条隆蔭が放氏されたのである。南北朝時代の最も重要な記録である洞院公賢の日記『園太暦《えんたいりゃく》』には「上皇の命で、院宣を書いただけのことで放氏となった。関所の廃止は、延暦寺・園城寺・東大寺なども同じなのに、興福寺だけが強訴に及んだのはけしからん」と書いている。

このあたりまでの放氏はまだ理屈が通るけれど、ずっと下って戦国時代、永正二年（一五〇五）十一月七日に行われた前中納言の飛鳥井宗世の放氏は「いみじき非道の事も、山階寺にかかりぬれば、又ともかくも人ものいはず」と評されるにふさわしいものであった。

僧兵が放氏にかかわった最大の意義は、僧兵が貴族の繁栄に深い関係を持った、ということである。それが、「山階道理」を認める僧兵集団の論理ともなって、後世の史家の批判を受けた。道長が太政大臣になった過程では、その原因となった放氏の事例を探すことができなかったが、放氏や続氏というきびしい藤原一族の粛清が、藤原氏の繁栄の一つの原因となったことはたしかである。そして、院宣よりも、興福寺の別当の権限よりも、興福寺の学僧や衆徒の僉議が、放氏や続氏の決定に大きな影響力を持っていた。これは、僧兵勢力の強さを示すものであった。

Ⅳ　寺社の勢力

1　僧兵と鎌倉幕府

頼朝の寺社政策

源頼朝が平氏を滅ぼして鎌倉に幕府を開き、武家政治を始めたとき、民衆の心をつかむ目的で、寺社奉行を置いて神社・寺院を監督し、神仏の信仰を中心に生きた庶民の安定に全力を注いだ。そして戦乱時代に乱暴をはたらいた武士団の信用を回復しようとした。具体的には、寺社の保護にのりだしたのである。全国各地に頼朝が寄進した堂塔が今日に伝えられている。

頼朝は、天下を取る前の治承四年（一一八〇）、箱根権現（箱根神社）に相模国（神奈川県）早川庄を寄進したのをはじめとして、三島神社には伊豆御園《みその》河原谷《かわらだに》などの地を寄進した。また、養和元年（一一八一）には常陸（茨城県）の鹿島神宮にも社領を寄進し、さらに鎌倉の鶴岡八幡宮の造営をしたり、寿永元年（一一八二）には伊勢神宮に砂金を奉納したりした。近江の大津の石山寺には、建久五年（一一九四）に頼朝が寄進した多宝塔があり、この種の塔では日本で最古の国宝建造物である。

このように、頼朝が寺社を保護したのは、南都や北嶺の勢力に逆らう不利をよく知っていて、できれば寺社の勢力を味方にしようとしたからであろう。

頼朝の寺社に対する政策は、『吾妻鏡』によると、寿永二年（一一八三）に朝廷へ三か条の意見書を提出したとある。

一つは、日本が神国なので神領を安堵《あんど》（もとの所有地をそのまま賜わること）するのはもちろん、新しく社領をふやしてもよい。

二つには、諸寺の所領はむかしのとおりのままでよい。ただし、僧徒が武勇を好んで仏法を忘れたら、これは厳重に禁止する。そして、僧徒の有する武器は朝敵を追討する兵に渡す。

三つには、鹿島神社のようにりっぱな神社や、そのほかの神社でも、破損したら修理し、恒例の神事を式目のとおりに実施する。

この三か条からも、いかに頼朝が寺社の保護に力を入れたかがよくわかる。また、頼朝は建久六年（一一九五）、東大寺の供養に臨んだ。

院政の武力として起用され、政治の中心に進出したのは、源氏よりも平氏が先であった。平氏は保元の乱で源氏を圧し、平治の乱で戦勝すると、武力なき摂関家を屈伏させて、平氏政権を樹立した。

平氏は、東大寺や興福寺へ子弟を送り、両寺との親和策をとりながら、藤原氏が固守してきた大和国を自己の知行国とし、南都の寺社領を圧迫した。とくに治承四年の南都焼き討ちをきっかけとして、平氏の大和国での荘園が増大していった。

ところが源頼朝は、前述の平氏のやり方が南都諸大寺に不人気であったことを知って、征夷大将軍になると、清盛が取り上げていた荘園を寺社へ返した。南都や北嶺の大寺院は長期にわたって蓄積した勢力があったので、容易に壊滅させることは不可能である。だから諸大寺に逆らうことの不利を熟知した頼朝は、保護政策をとるのが当然だった。また、平氏討伐戦のとき寺社の僧兵が源氏の味方をした、その恩義に報いようとしたとも考えられる。

義経と弁慶

平氏が完全に滅びると、壇ノ浦合戦まではうまくいっていた頼朝と義経との仲が破れ、義経は兄頼朝に追われる身となった。平家追討において頼朝が安徳天皇を捕えよと命じたのに、天皇は義経に追われて入水してしまった。このことを頼朝が怒って、義経を追放したのだという説がある。日本では天皇に弓をひいた者で政治的に成功した例が一つもないという立場からの説である。

兄頼朝ににらまれた義経は、逆に頼朝追討の院宣を要請したが失敗した。近畿の武士も集まらないばかりか、側近の武士さえ逃げ去るありさまだった。そこで、義経・行家らは西国に下って挙兵の準備をしようと、ひそかに院庁に頼み、九州・四国の「惣地頭に補す」という下文《くだしぶみ》を持って行こうとした。これを知った頼朝側の摂津源氏や近江源氏が義経一行を襲った。義経は西国へ向かおうとしたものの、家来が四散したので、畿内へもどってきた。

この事件が起きたので、頼朝は急に、義経・行家を探索する目的をもって、「諸国に惣追捕使《そうついぶし》（のちの守護）・地頭を設置したい」と朝廷へ要請したといわれる。しかし本音は、従来からあった国司に対して新しい支配権を確立するためであったのだろう。この場合も、大和国には守護を置かず、南都の寺社を守護不入にして優遇した。もちろん地方においても、寺社に守護の権力が及ばないしくみであった。このため、義経はその寺社を頼りに全国を逃げまわることができたのである。

しばらく義経は叡山に隠れていた。若き日の鞍馬寺で天狗（僧兵）からしごかれた武術稽古を思いだしながら、じっとしていた。京都守護の北条氏の家臣が叡山を探索しようとしたが、後白河法皇がその登山を許さず、義経を守ったといわれる。しばらくして義経は南都へ逃れた。興福寺の僧兵たちが吉野へ逃がしてくれたのだ。吉野では愛人の静御前と悲しい別離をした。これは、義経を慕う後世の作家によって『義経千本桜』を生む材料となった。

義経が奥州へ落ち延びられたのも、僧兵たちのおかげであった。義経と生涯をともにした僧兵姿の弁慶は、悪僧のイメージを持った僧兵の評価を変えた。

義経や弁慶のでてくる文学は『義経記』である。異本に『判官物語』とか、『義経物語』がある。これらの成立は、いずれも室町時代の初期から中期にかけてのものらしい。前半では源義経の少年時代から、都落ち、すなわち奥州下向までを述べており、後半には平家滅亡から頼朝に追われて転転とし、ついに東北の平泉で自害するまでを描いている。

この『義経記』の巻一には「牛若鞍馬入の事」があり、巻三には「弁慶山門を出る事」の記事がある。いずれも義経を支援する僧兵が登場する。また、巻五の「判官吉野山に入り給ふ事」では「此山は役《えん》の行者の踏み初め給ひし菩提の峰」と、金峰山寺に多くの僧兵のいたことが述べられる。「義経吉野山を落ち給ふ事」のくだりでは「衆徒講堂に集合して、九郎判官殿は中院谷《ちゅういんがだに》におはす」といい、「あはれ詮なき大衆の僉議かな。わが為の敵にもあらず。さればとて、朝敵にてもなし。たゞ兵衛佐殿の為にこそ不和なれ」とも述べ、義経に同情した。「忠信吉野山の合戦の事」のくだりでは「麓の大衆二、三百人を今や今やとぞ待ちたりける」とあって、僧兵たちが義経をかくまった話がある。さらに、巻六の「判官南都へ忍び御出ある事」では南都の勧修坊らの法師らも義経をかくまったことを述べている。

とくに、巻三には弁慶のことがでてくるが、これは御伽草子の『弁慶物語』（京都大学蔵、臨川書房刊）と同じ内容である。

弁慶は熊野の別当の「弁せうが嫡子」で、母は「天下第一の美人」であった。その母が十五歳のとき、熊野詣をした。すると、別当がこの姫君を見そめて、むりに妊娠させた。十八か月も母の腹にいて生まれたのが弁慶だ、と書いてある。少年のころ、所行が荒々しかったので叡山の西塔へあずけられた。慶心律師のもとで育ったが、あまりにも乱暴だったので姫路の書写山へ追放され、そこで修行した。弁慶は書写山でも乱暴をはたらき、ついに堂塔を焼いた。そこでやっと目がさめ、京に出て、書写山再建のため、釘の材料にする太刀を奪うことにした。その千本目の太刀をねらって若き日の義経を五条の橋で襲ったが、弁慶は負けた。すぐ、義経の家来となった。この物語を記念して、現在の五条大橋の西詰に弁慶と牛若丸（義経）の石像がある。

このあと、物語は僧兵姿の弁慶に守られて奥州へ下る義経を描く。

『義経記』も『弁慶物語』も、文学であって歴史書ではないが、僧兵に守られた義経のことが、かなりくわしく書いてある。義経も弁慶も、実に人々から愛されているので、義経を助けた弁慶をはじめ、叡山の僧兵の千光坊や、常陸坊などまでも、好感をもって迎えられている。弁慶は、乱暴狼藉の多い悪党という僧兵のイメージを大いに柔らげる役目を果たしたようである。

『吾妻鏡』には「今日陸奥《むつ》国において、泰衡《やすひら》、源予州（義経）を襲ふ。これ且は勅定に任せ、且は二品（頼朝）の仰せによるなり。予州、民部少輔基成朝臣の衣河館にあり。泰衡兵数百騎を従へ、その所にはせ至りて、合戦す。予州の家人等、相防ぐといへども、ことごとくもつて敗績す。予州持仏堂に入り、まづ妻子を害し、ついで自殺す」とある。この義経の最後においても、奥州の僧兵が義経を守っていたのを知るのである。

ところで、僧兵は鎌倉幕府といろいろのかかわりを持った。承久の乱（一二二一）のときには、わずか二十日あまりで朝廷が敗北してしまったが、それは、このとき叡山の僧兵が朝廷に協力しなかったからである。

義経が奥州へ落ち延びられたのも僧兵の協力があったからだが、承久の乱の立て役者、後鳥羽上皇がしばしば熊野に詣でたのも、神仏の加護を祈るのは建て前で、本心は僧兵勢力の援助をひそかに頼みに行ったのである。彼らにとって、僧兵たちは頼み甲斐のある味方であった。

幕府は、嘉禎元年（一二三五）、僧徒が兵杖を持つことを禁じた。

地方武士と僧兵

近江源氏の佐々木氏は、琵琶湖の東の観音寺城にあって、中世の約四百年を近江の守護として君臨した豪族である。『尊卑分脈』によると、宇多天皇の子孫で宇多源氏と呼ばれた。治承四年の頼朝挙兵にあたっては佐々木秀義とその子定綱・経高らが参加し、石橋山の戦で戦功をたて、とくに四男高綱は木曽義仲を攻めた宇治川の合戦で先陣の誉れをあげた。

この佐々木氏と叡山とが衝突した。その原因は、つぎのようであった。山門の千僧供領《せんぞく》（滋賀県蒲生郡）であった佐々木庄において、米作が不足したため、近江国の守護佐々木定綱が叡山への年貢を納めかねたところ、叡山の大衆が怒った。日吉社の神人に鏡を持ちださせ、定綱の邸へ乱入して、放火に及んだ。定綱の子の定重は、激怒して神人を攻撃し、神鏡を破壊した。

この事件は、すぐ鎌倉へ伝えられた。鎌倉では、武門の威信にかかわることと判断し、梶原景時を使者として京へ赴かせた。建久二年（一一九一）のことであった。叡山は定綱と定重とを死罪にせよと主張した。佐々木氏は和議の条件をもちこんだ。それは、元延暦寺領で佐々木氏が守護となってから取り上げた所領の半分を延暦寺へ寄進するというのであった。ところが、延暦寺は納得しないで、強引な態度にでた。『玉葉』によれば、頼朝は叡山の態度を横暴だとして院庁へ訴えたとある。

叡山の大衆をいつまでも騒がせておけないので、九条兼実・源頼朝・後白河法皇・天台座主らが協議して、結局は、定綱を薩摩（鹿児島県）へ配流とし、定重を断罪の処分にするから、山門も強訴を取り下げるように、と裁定した。それでやっと事件は解決した。後日、後白河法皇の年忌がきた建久四年（一一九三）に定綱は許され、近江の守護にもどった。

鎌倉幕府を開いた頼朝が死ぬと、北条氏が幕府の実権を握った。時をほぼ同じくして、後鳥羽上皇が院政を再開した。上皇は、源氏の断絶を機会に、討幕を企てた。承久三年（一二二一）、まず天台座主を更迭して皇子の尊快法親王を座主にした。これは、上皇が叡山の僧兵を味方にするためであった。上皇は日吉山王（日吉社）に参籠して討幕を祈願した。

こうして承久の乱が始まったが、北条氏の機敏な軍事行動で上皇側が敗北し、後鳥羽・土御門・順徳の三上皇は配流となった。この乱は、後鳥羽上皇を中心とする公家勢力と、武門の鎌倉幕府との対立の結果であったが、以後、公家勢力は急速に衰えた。

承久の乱では、近江の佐々木広綱が上皇の味方をし、広綱の弟の信綱は鎌倉にあって幕府の味方をした。骨肉の関係で争ったのである。広綱は滅んで、信綱が佐々木氏の本家を継いだ。この成り行きからも、佐々木氏と叡山とは対立したのである。

このような歴史的ないきさつも原因であったのか、しばしば佐々木氏は叡山と問題を起こして争った。

嘉禎元年（一二三五）六月には、また事件が起こった。こんどは、近江国高島郡田中郷において、佐々木信綱の子の高信が、日吉社の神人に対して租税を納めるよう要求したところ、僧観厳が要求を無視して納めなかったので、地頭代の重盛が日吉社の宮仕を殺した。そこで、神人・衆徒らが騒ぎを起こした。

叡山の大衆は、高信と重盛との断罪を要求し、日吉社の神輿をかついで京へ訴えようとした。そのため、天台座主が辞職した。幕府と友好関係にあった僧兵もいたので、内輪もめが起こったのである。それでも京へ押しかけた大衆は、幕府側の武士と合戦をし、大衆の何人かが死んだ。大衆は神輿を京に棄てたまま引き揚げ、しかるべき処置をしてほしい、と幕府に訴えた。

幕府は高信を遠流に処して、この事件はいちおう解決したが、その代わり、幕府は大衆の強訴を自由にさせないという条件を示した。しかるにその後も、佐々木氏と叡山とは対立した。

大塔宮護良親王

後醍醐天皇は、北条氏を滅ぼそうとして、京都の聖護院の玄基や参議の日野資朝らと北条氏討伐を計画したが、事前に密告されて、協力者の美濃国（岐阜県）の豪族土岐頼兼（頼員《よりかず》）らが殺され、資朝らは捕えられて佐渡へ配流された。これを正中の変（正中元年・一三二四）という。これは、天皇が地方豪族や大名を味方にしようとして、失敗した事件であった。

天皇は新しい方法として、法勝寺で鎌倉を降伏させる祈願をした。ちょうどそのころ、中宮懐妊の祈禱をする必要から、延暦寺や園城寺と親しくした。幕府は、この動きを知って、警戒をはじめた。京都の朝廷と、鎌倉の幕府とのあいだに、何か起こりそうな雲行きだった。後醍醐天皇は、なんとかして叡山の僧兵を味方にしようと、心を砕いた。そこで、第三皇子の護良親王を叡山へ送った。親王は、すぐ出家して尊雲法親王と改め、嘉暦二年（一三二七）十二月、二十歳で第百十六代天台座主となった。叡山の大塔にいたから大塔宮と呼ばれた。

後醍醐天皇は、第二皇子の世良親王を伴って奈良の東大寺・興福寺・春日社をはじめ、比叡山へも行幸し、日吉社にも詣でて、神人らに金子を贈った。延暦寺の大講堂供養会にも参列した。この法会の差定《さじょう》（法会の諸役にあたる者を差し定める）には、妙法院宮の尊澄法親王（後醍醐天皇の第七皇子、宗良親王）が導師で、尊雲法親王が呪願師《じゅがんし》であった。

『太平記』巻二には「今南都北嶺ノ行幸、叡願何事ヤラント尋レバ、近年相模入道ノ振舞、日来ノ不儀ニ超過セリ、蛮夷ノ輩ハ、武命ニ順フ者ナレバ、召《めす》トモ勅ニ応ズベカラズ。只《ただ》山門南都ノ大衆ヲ語テ、東夷ヲ征罰セラレン為ノ御謀叛トゾ聞ヘシ」とある。また、『太平記』巻八の「山徒京都ニ寄スル事」のなかには、大塔宮が登場する。その一節を紹介しておこう。

大塔宮ヨリ牒使ヲ立テラレテ、山門ノ衆徒ヲゾ語ラハレケル。之ニヨツテ、三月二十六日ニ、一山ノ衆徒大講堂ノ庭ニ会合シテ、「夫レ吾ガ山ハ、七社応化ノ霊地ト為シテ、百王鎮護ノ藩籬トナル。高祖大師開基ヲ占《し》メシノ始、止観ノ窓ノ前ニハ天真独朗ノ夜ノ月ヲ弄《もてあそ》ブト雖モ、慈恵僧正貫頂（天台座主）タルノ後、忍辱ノ衣ノ上ニ、忽チニ魔障降伏ノ秋ノ霜ヲ帯ブ。（略）」ト僉議シケレバ、三千一同ニ尤モ尤モト同ジテ院々谷々へ帰り、則チ武家追討ノ企ノ外他事ナシ。

右のくだりは、京都で合戦が始まり、大塔宮が山門を頼んだところ、山徒が出動するかどうかを僉議して協力を決定した一節である。そして「山門、已ニ来ル二十八日、六波羅へ寄スベシト定《さだめ》ケレバ、末寺・末社ノ輩ハ申スニ及バズ、所縁ニ随ツテ、近国ノ兵馳セ集ルコト雲霞ノ如クナリ。二十七日大宮ノ前ニテ着到ヲ付ケルニ、十万六千余騎ト注セリ。大衆ノ習、大早《おおはや》リ極《きわ》メ無キ所存ナレバ、此ノ勢、京へ寄セタランニ、六波羅ヨモ一タマリモタマラジ」とも記している。叡山の大衆が京都の六波羅探題（鎌倉幕府の京都守護。公家政権を監視する役所）を攻めたら、ひとたまりもなかったというのだ。

これらは、文学記述で事実とは断言できぬが、大塔宮については「行学共ニ棄果《すては》テサセ給ヒテ、朝暮ニ只武勇ノ嗜《たしなみ》ノ外ハナカリキ」とも書いてある。大塔宮は、元徳元年（一三二九）に座主職をやめて僧兵の指導に専心した。同年十二月に再任したが、翌年四月に再び辞任した。

後醍醐天皇は叡山だけでなく、播磨（兵庫県）の大山寺、伯耆（鳥取県）の大山寺、越前（福井県）の平泉寺などの僧兵にも、協力を要請したようだ。

朝廷と幕府とのあいだをとりもった内大臣吉田定房が、大塔宮の討幕計画を幕府へ密告した。天皇は、延暦寺の大衆と諸国の武士らを集めようと、権中納言北畠具行《ともゆき》に命じて準備したが、これも六波羅探題の知るところとなり、叡山の僧兵が動く前に、御所が六波羅勢に包囲されてしまった。天皇は奈良へ逃れた。元弘の変（一三三一）である。天皇は、東大寺にしばらく隠れていたが、さらに鷲峰《しゅうほう》山金胎寺《ざんこんたいじ》から笠置《かさぎ》山へ逃れ、ここを行在所と定めた。

叡山の僧兵は、天皇を迎えられなくて失望した。そこで、六波羅の目をごまかす目的もあって、花山院師賢を天皇の身替わりにして叡山へ迎え入れた。幕府は、天皇が叡山へ行幸したと勘違いして叡山を探したが、大塔宮も叡山からすでに笠置へ逃れた後だった。

大塔宮は、般若寺から吉野へ入った。まず、吉野の金峰山寺へ入り、僧兵らにかくまってもらった。熊野の衆徒にも協力を頼んだ。高野山へも応援を求めたが、金剛峰寺は消極的であった。紀伊（和歌山県）の根来寺《ねごろじ》へも応援を依頼している。

このように見ると、僧兵たちはほとんど後醍醐天皇の側ではたらいたようである。僧兵らは延暦寺を護持し発展させるためには、天皇と結びついたほうが有利と考え、延暦寺も後醍醐天皇の申し出を受け入れて天皇の味方をし、大塔宮が叡山へ入ることに賛成し、命がけで守護したのである。叡山の論理としては、仏法興隆のために有利であれば、天皇に味方する、という考えであった。

後醍醐天皇は、正中の変、元弘の変で失敗したけれど、吉野にいた護良親王や河内（大阪府）の楠木正成の挙兵で討幕に成功し、建武元年（一三三四）正月、天皇親政の建武の中興が実現した。しかし、新政は武士階級に不満を与え、足利尊氏の反乱によってすぐ崩壊した。そして南北朝の時代へと移る（一四四ページ参照）。

東大寺八幡宮の神輿

康永三年（一三四四）八月十五日に、伊賀（三重県）名張郡の所領のことで、東大寺の僧兵が八幡宮の神輿を奉じて入洛し、五条の橋の上で北朝の武士と戦って、八幡宮の神人の何人かが殺されるという事件が起こった。

八幡宮は、興福寺の春日社に比すべきもので、東大寺の鎮守神であり、現在の手向山八幡宮にその流れを伝えている。

幸い、太政大臣であった洞院公賢の日記『園太暦《えんたいりやく》』に、「東大寺八幡宮神輿入洛例」があり、これによると、南都の僧兵の活動がずいぶん盛んであったことが詳細にわかる。これには、永仁二年（一二九四）から元亨元年（一三二一）までの入洛例が漢文で記録されている。ちょうど、鎌倉時代の中期から末期にかけてのことで、南都の僧兵がますます盛んであったことを示している。その一部を要約して引用しよう。

永仁二年七月十三日、申《さる》の刻（午後四時ごろ）、東大寺八幡宮の神輿が三基入洛した。二基は右衛門陣前へ、一基は富小路の西唐門へ行って、神輿振りを行い、神輿をそこに棄ておいた。

同月十四日、神輿を東寺金堂・礼堂に入れ奉る。弘安二年（一二七九）に八幡宮の神輿が入洛したときは鎮守に入れ奉ったが、拝殿を修理のために取り壊していたので、便宜上、礼堂に入れた。鎮守若宮（八幡社）の神人らが神輿を迎えた。

同年八月九日、釈奠（孔子をまつる行事）なのに宴がなかった。神輿が入洛していたからである。

同月十五日、石清水の放生会《ほうじょうえ》（捕えた魚・鳥などの生類を放つ法会）は常のとおりであった。

同三年十月二十五日、列見《れつけん》（六位以下の文武官のうちから芸能ある者を召し、器量・容儀を見定める儀式）があり、宴が停止になった。

同年十一月十五日、五節《ごせち》（宮中の元日・白馬・踏歌・端午・豊明の五つの行事）を停止した。

同月二十二日、節会（節日に宮中で行われる宴会）を停止した。

同年十二月十九日、子の刻（夜半の十二時ごろ）に神輿が本社に帰座した。

延慶二年（一三〇九）二月二十九日、辰《たつ》の刻（午前八時ごろ）、同寺八幡宮の神輿が、三基入洛した。神輿振りを行い、内裏の陣中に棄てた。訴訟の理由は、高野山の益信の本覚大師号を取り上げられたことであった。

同日、酉《とり》の刻（午後六時ごろ）、東寺の所司二人が鎮守八幡宮の神人らを相具して参内したので、神輿を渡し奉った。時に主上は清涼殿に御座し、神輿を陣中に起こさしめ御庭に下ろした。

このあとは省略するが、年度別に集計すると、永仁二年が八件、延慶二年が十一件、正和四年（一三一五）が五件、文保三年（一三一九）が十一件、元応二年（一三二〇）が一件、元亨元年が四件、合計四十件が記録されている。

これらの事件のどれにも共通する点は、延慶二年の四月二十七日の例のように、神輿の入洛があれば、八幡宮の祭礼には舞もなく歌笛もなかった。つまり、神輿の入洛のたびに朝廷や寺院の年中行事が中止されたのである。節会が中止され、釈奠の宴が停止され、東大寺の転害会《てがえ》（鎮守八幡祭）が延期されたのも、すべて八幡宮の神輿が入洛したためである。

また、文保三年正月十九日には神輿一基が七条河原に棄てられた。その理由は、よくわからないが、一般的には、人事の不満とか、所領の侵害についてが、強訴の原因であった。

2　修験と真言の峰々

蟻の熊野詣

地方の有力な僧兵を語るとき、まず第一にあげられるのは熊野である。時代的には古代から中世にかけての記述となる。

紀伊半島の南端に位置する熊野は、神話時代から開けたところである。伊弉諾命《いざなきのみこと》を熊野那智神社に、素戔嗚命《すさのおのみこと》を本宮の熊野坐《います》神社に、速玉命《はやたまのみこと》を新宮の熊野速玉神社に、それぞれまつり、これらを総称して熊野三山と呼んでいる。

平安初期の熊野三山の荘園は、貴族の信仰がいまだ十分でなかったのと、京から遠く山並みの向こうであったから、きわめて少なかった。そこで三山は、さきがけて熊野詣の功徳を説いた。

宇多上皇をはじめ、院政時代になって白河・鳥羽・後白河・後鳥羽上皇らが盛んに熊野へ詣でた（記録に残るものだけでも三十数回を数えた）ので、熊野信仰が全国に及んだ。そして、武家政権の時代になってからも、源頼朝の熊野三山の修築や、頼朝の妻の尼将軍政子、北条義時の妻の参詣、一般の武士も参詣し、熊野三山の荘園が急増した。

十三世紀になると、熊野三山の荘園は牟婁《むろ》・日高・有田を中心に、近畿・中国・四国・九州・中部・関東の各地に拡大され、高野山などの大きな寺社と同じように広大な荘園を領し、京の人々から「蟻の熊野詣」などと称されるように、参詣者がまさに蟻のように集まった。

中世を通じて熊野三山の勢力は有力な存在だったから、南北朝時代の動乱のさなかでも、朝廷と幕府との中間的勢力であった。貴族たちは熊野信仰の伝統を保っていたようである。

熊野地方は、背後に山を負い良質の船材に恵まれ、前面に熊野灘を擁しているため、早くから水軍が発達した。だから、海賊の一統として名高い鈴木氏をはじめ、熊野三山の別当だった豪族出身の教真の子孫は、熊野三山および田辺社の別当として栄えた。とくに元暦二年（一一八五）の壇ノ浦の合戦のとき、どちらにつくか迷ったが、教真の子の湛増《たんぞう》が平氏に遠慮して田辺社で占ったところ、源氏の味方をせよとあったので、四国に渡る源義経に従軍した。そして、壇ノ浦の合戦では熊野水軍の活躍は目覚ましかった。これが縁となって、熊野三山の荘園は、播磨（兵庫県）の浦上、備前（岡山県）の児島、日向（宮崎県）の高千穂などにできたと思われる。

当時は、この熊野水軍が味方になるかならないかで天下の大勢が決まるといわれていた。歴代の天皇や上皇が熊野詣を盛んに行ったのも、一つには熊野水軍を味方にして天下を統治するのが目的であった。そして、源行家らの武士たちが多く参詣したのも、同じ考えからであった。熊野別当の湛増が源氏に味方したから、後に頼朝が熊野三山へ多くの寄進をしたのも、当然である。もともと平家の味方をしていた熊野が、木曽義仲の挙兵のときには静観していて、後に頼朝に味方した。これは、天下の形勢を見る先見の目が湛増らにあったのである。

ところで熊野詣が盛んになる原因の一つに山伏の活動があり、その根拠地として、熊野三山の本地仏をまつる天台宗の青岸渡寺が栄えた。熊野三山で修行した山伏のうち、すぐれた者には「先達《せんだつ》」の称号が与えられ、貴族・武士・庶民の熊野参詣の先導者となった。先達が熊野信仰を盛んにした功績は大きい。山伏と僧兵とは直接のつながりはないけれど、熊野三山の繁栄に伴って荘園が多くなると、熊野水軍ともからんで熊野の僧兵が史料のなかに姿を現してくる。

白河天皇の永保二年（一〇八二）には、『扶桑略記』によると、熊野の大衆三百余人が神輿を奉じて入洛したとき、京にいた尾張国（愛知県）の役人と争って熊野の大衆が何人か殺されたから、しかるべき処分をしてほしい、と要請している。また、『中右記』には、長治三年（一一〇四）に、紀伊の悪僧が熊野の大衆と称して、淀（京都府）に集まり、紀伊の国司を訴えたという。

治承四年（一一八〇）には、源氏に味方するかどうかを決めるために、熊野の大衆が決起集会を開いている。

『高野山文書』によれば、承久元年（一二一九）に、熊野の衆徒の訴えにより、湯浅宗光が対馬へ配流された。湯浅氏は平安中期から有田川の下流にいた武士団の代表で、初めは平清盛の味方だったが、源平の戦いのときには他の紀州武士とともに義経の味方をした。平氏滅亡後、頼朝・義経の不和に際して頼朝側についた湯浅氏は、見通しがよかったことになる。しかしその後、熊野の大衆と湯浅氏とは対立したのである。

また『吾妻鏡』によると、安貞元年（一二二七）、熊野の大衆が神木を奉じて京に入り、強訴したが、六波羅探題の武士に阻止された。

伏見宮貞成親王の日記である『看聞御記《かんもんぎょき》』には、応永二十五年（一四一八）に、紀伊の守護畠山満家が熊野の社領で乱暴をはたらいたので、熊野の大衆が神輿を奉じて田辺に至り、満家の武士と激しく戦った、と記録してある。

これらはごく一部の記録だが、熊野三山の荘園の増加に比例して、熊野の僧兵集団も強くなり、天下をねらう武将たちにも頼まれるようになった。史料・記録に登場する回数から見て、南都北嶺に次ぐ僧兵勢力を持つに至った。

吉野の蔵王権現

熊野から吉野への道は修験者が開拓した道である。吉野は奈良県の中央部で、紀ノ川の流域でもあり、大峰山の北端が迫っている。天武天皇のころ滝宮があり、多くの万葉歌を残している。壬申の乱では天武側の拠点でもあった。また、後醍醐天皇から四代にわたって、吉野は南朝の行在所であった。吉野神宮のあたりの下千本、如意輪寺の中千本、水分《みまくり》神社の上千本、それから、西行庵あたりの奥千本と、いわゆる花の吉野は美事である。大峰山は修験道の根本道場だが、金峰山《きんぷせん》寺の国宝に指定された蔵王堂には蔵王権現が鎮座する。吉野にも、ひめられた僧兵の歴史があるのだ。

吉野の僧兵の記録を探すと、『日本紀略』の長元元年（一〇二八）のくだりに、金峰山の衆徒が御所の陽明門に至って大和守の藤原保昌の苛酷な政治を訴えたとある。また、『本朝世紀』には、久安二年（一一四六）に、金峰山の僧徒が兵を率いて大和国宇治郡司の源師任《もろとう》を捕らえたという記録がある。『玉葉』や『百練抄』にも、承安三年（一一七三）に、吉野の衆徒が、興福寺とともに、延暦寺と争い、京へ入ろうとして宇治で差し止められたとある。吉野の衆徒もかなりな勢力であった。

また、藤原定家の日記『明月記』には承元二年（一二〇八）に金峰山の僧兵が多武峰を襲って堂塔を焼いたというし、『百練抄』には文暦元年（一二三四）に金峰山の山伏が摂政藤原（九条）教実の邸におしかけて訴訟をしたとあるから、山伏と僧兵との連繋もあったようだ。

建長七年（一二五五）には、金峰山寺の僧兵が神輿を奉じて京へ入り、吉野の神領地頭の源資国を訴えた。弘安四年（一二八一）にも、神輿を奉じて京へ入っている。

さらに、長禄元年（一四五七）には、金峰山の僧兵が南朝の皇胤と戦ったとき、興福寺の堂衆も金峰山の味方を参加した、という記録もある。

このように見てくると、吉野の僧兵も、熊野には及ばないが、かなり活躍したことがわかる。

高野山金剛峰寺

大阪の難波から南海電鉄で約一時間四〇分、高野山麓の極楽橋につく。ケーブルカーで山上に登り、バスで女人堂までくると、弘法大師空海が開いた真言宗大本山金剛峰寺《こんごうぶじ》にきた感じがする。

空海は若いときから山嶽仏教を志し、弘仁七年（八一六）六月十九日に朝廷から高野山を下賜されると、仏道研修の道場を建てた。なかなか難事業であったが、空海の入滅（八三五）後、高弟たちの努力で金剛峰寺が完成した。

高野山は、比叡山のように高僧が対立するようなことはなかったらしく、十七弟子の筆頭の実恵が東寺（京都の教王護国寺）を継承し、真済が神護寺（京都市）を与えられ、真然が金剛峰寺の住持となった。このあたりから分派の遠因ができた。なかでも、実恵の弟子の源仁には、仁和寺（京都市）を開いた有能な益信と、醍醐寺（京都市）の開祖の聖宝がいたので、この二大分流が後に大きな勢力として発展した。益信は宇多天皇の最もあつい帰依を受け、本覚大師という。聖宝は、金峰山・大峰山の修験の中興といわれ、理源大師という。

金剛峰寺は、正暦五年（九九四）、大塔に落雷し、御影堂ほかを焼いたが、長和五年（一〇一六）、南都の真誉の弟子の定誉が登山して復興に尽くした。また、治安三年（一〇二三）には小野阿闍梨仁海の要請で藤原道長が参拝した。そして、堂塔を再建し、寺領を多くした。さらに、藤原頼通をはじめ、京極摂政師実など、高級公卿たちがあいついで参拝したので、高野山は急速に発展した。

康和五年（一一〇三）には、大塔の落慶供養が行われ、無量光院・経蔵ができた。大治二年（一一二七）には、東西両塔の落慶供養を行い、白河・鳥羽の両上皇が登山した。大塔も、東西両塔も、その後再建されたものが、今日に伝えられている。

この高野山にも、僧兵の史料がたくさん残っている。

保延六年（一一四〇）に、高野山の衆徒が覚鑁《かくばん》の房を焼いたという。

覚鑁は嘉保二年（一〇九五）の生まれで、九州肥前（佐賀県）の出身である。高野山や園城寺、醍醐寺に学び、金剛峰寺の座主となり、高野山に伝法院を建てた。そして、真言宗の立場から浄土教（現世で阿弥陀仏を念ずれば、来世で極楽浄土に往生できるという教義）を教理づけた。これは、高野山の別所聖《べっしょひじり》（仏教諸宗において修行に不満をもち、本寺を離れた聖で、とくに高野聖は有名である）のあいだで発展していた念仏信仰の一つの所産であったが、本寺の学僧たちの反感をかった。そのため、高野山の衆徒のそねみを受け、難を避けて下山し、根来《ねごろ》山に逃がれて大伝法院（根来寺）を建立した。後に、この流れは新義真言宗といわれる。

高野と根来との対立

覚鑁が根来へ下山してから、高野と根来とはことごとに争いを起こし、ちょうど、天台宗の叡山の山門と寺門との争いのようにくりかえされた。争いがくりかえされるたびに、僧兵の勢力は増大していった。

覚鑁が死んで、四年目の久安三年（一一四七）に、根来寺から衆徒が高野山へ帰ったので、しばらく高野と根来との争いはなく、平穏だった。

ところが、平清盛が太政大臣になった、その翌年の仁安三年（一一六八）、院宣により不和を解消し、伝法院で修正会を執行したとき、金剛峰寺の衆徒が、堂内で法要の一部である行道を行っていた根来寺の僧の法衣の裳を切ったことから、高野と根来とが正面衝突してしまった。

この事件は「裳切《もきり》騒動」と称され、長年の両寺の対立感情を一気に吐きだしたものであった。『史料全集』によると、この「裳切騒動」に「悪僧」が登場し、「凶悪の輩を相語らい、各刀杖を帯し、堂内に乱入し」「有智・名徳を論ぜず」「刀杖相支え、斬打つ」とある。「悪僧」は強い僧兵の意味で使われたようだが、神戸大学の熱田公教授が『和歌山県史研究』（第七号）の論文、「根来僧兵の源流」のなかで述べられたように、派手な合戦であった。

安元元年（一一七五）には、高野山の本寺と末寺との衆徒が互いに争った記録を残している。

貞応二年（一二二三）には、鎌倉幕府は、高野山の衆徒の訴えを聞いて、吉野の金峰山の衆徒に対して高野山へ乱入するな、という警告を出した。また、嘉禄二年（一二二六）には、高野山の衆徒が金峰山の蔵王堂を焼いたことが『百練抄』に書いてある。同じ『百練抄』に、仁治三年（一二四二）、高野の衆徒が伝法院を焼いたとある。弘安九年（一二八六）にも、高野と根来とが争っている。

このように、高野山の僧兵の歴史を見てくると、初めは内紛だったのが、だんだん勢力が大きくなるに従って、朝廷とか、他の大寺とかに、かかわりを持つに至った。すなわち、元亨元年（一三二一）には、朝廷が高野山の強訴の計画を知って、後醍醐天皇が事前に鎮めたという。元弘三年（一三三三）

には、後醍醐天皇が高野の衆徒を味方に頼んだことが「高野山文書」に書いてある。

延元元年（一三三六）には、建武中興が挫折し、足利尊氏が高野山や根来寺の僧兵を味方に誘った記録がある。後醍醐天皇が死んだ延元四年（一三三九）、高野山と根来寺とが争ったときには、紀伊の守護畠山国清が仲裁に入った。

下って嘉吉二年（一四四二）の記録には、播磨国の白旗城主、赤松丹信（赤松満祐の一族）が幕府に謀叛した失敗の腹いせに高野山を襲ったとき、衆徒は配下の荘園の武士に援助を頼んでいる。

室町幕府は、中期以降になると、配下の有力な守護大名の勢力争いに悩まされ、畿内一円は大いに乱れた。とくに応仁の乱のころは、畿内一円の国一揆などの社会状況に呼応して、高野山と根来寺とは争いをくりかえした。宝徳二年（一四五〇）、寛正二年（一四六一）、永正十四年（一五一七）の争いの記録がある。このように性懲りもなく、高野山と根来寺とは争いを続け、そのたびに僧兵の勢力が強化された。

紀伊の根来寺

根来寺へは、大阪の四天王寺から国鉄阪和線の紀伊駅に至り、バスで根来まで行き下車すれば、十五分ほどで大門に至る。愛染院・蓮華院などの塔頭《たっちゅう》を通りすぎると、大伝法堂・大塔はすぐである。本坊・光明殿・庭園も実にりっぱで、奥の院は開祖覚鑁上人の御廟である。

根来寺は、天応二年（七八二）の開基といわれ、覚鑁が永治元年（一一四一）に再興した。鳥羽上皇の帰依により、多くの荘園を領したという。僧兵勢力が増大すると、しばしば高野山と争ったが、頼瑜が大伝法院を根来に移した正応元年（一二八八）ごろから栄え、最盛時には坊舎二千余となり、石高九十二万石を領したという。

『高野春秋編年輯録』を読むと、応仁の乱の影響で、文明元年（一四六九）に根来衆（根来寺の僧兵を中心とする武装集団）が騒いだと記録され、『大乗院寺社雑事記』にも、根来衆が守護畠山氏の城を攻めたとある。明応元年（一四九二）には、守護畠山基家を討つために、室町幕府から根来寺の行人《ぎょうにん》衆（寺務に従う僧兵集団）に命が下った。その翌年には、根来衆と紀国衆《きのくにしゅう》（紀伊国の下級武士の集団）とが、細川方に味方した加賀半国の守護赤松政則と堺で対戦し、敗退した記録がある。

このように、根来衆は、高野山の衆徒と争うだけでなく、在地の武将と対戦するまでに成長し、組織も、衆徒・預衆《あずかりしゅう》（下級法師を指揮し、荘園の管理を行う）・行人衆の三階級に分かれていたようである。

また、ずっと時代が下って天文九年（一五四〇）には、朝廷から覚鑁に興教大師の諡号《おくりな》が下賜された。戦国時代の真っ只中にあって根来寺が優遇されたことがよくわかる。

永禄五年（一五六二）になると、根来衆は、さらに勢力が強くなって、守護畠山高政と組み、細川氏の家臣三好氏の一族である義賢と争った。

永禄九年（一五六六）には、畠山氏が、三好長慶に仕えた松永久秀や、筒井順慶と戦ったが、このとき根来衆は、大和・河内の三好党を攻め、根来寺の僧兵の面目を発揮した。

ところが、このように勢力を誇示していた根来衆も、天正十三年（一五八五）に至って、秀吉によって徹底的に攻められ、全滅してしまった。

ところで、根来寺の近くの粉河寺《こかわでら》は、清少納言の『枕草子』に「寺は石山、粉河」とある古い名刹で、宝亀元年（七七〇）の開基といわれる。室町幕府の将軍の言行を書いた『座右集』という古記録に、十代将軍足利義材《よしき》（義種《よしたね》の幼名）が「根来寺、粉河寺等衆徒の戦功を賞す」とあるから、一四九〇年代の粉河寺にも、僧兵がいたことはたしかである。

山科の醍醐寺

鳥羽上皇のころ、久安三年（一一四七）には、醍醐寺の上《かみ》堂衆（上醍醐に属する僧兵）と下《しも》堂衆（下醍醐に属する僧兵）とが、かなり激しく争った。

醍醐寺は真言宗醍醐派の総本山で、国鉄山科駅からバスで四キロほど南へ行き、総門前で下車すると、すぐ三宝院である。醍醐寺は、山上と山下に数多くの堂塔があり、山上を上醍醐、山下を下醍醐と呼ぶ。理源大師聖宝が貞観十六年（八七四）に創建した。開山の聖宝は、天智天皇の後胤である。弘法大師の高弟真雅の弟子で、役小角《えんのおづぬ》の金峰山を再興した高僧でもある。山上に准胝《じゅんてい》観音と如意輪観音をまつり、山中に湧く醍醐水（仏前に供える水で、最高の水の意）にちなんで寺号とした。山上の観音堂は西国第十一番札所として、巡礼が多く参拝する。

延喜七年（九〇七）、醍醐天皇の勅願により山上に薬師堂・五大堂、下醍醐には釈迦堂などができた。応仁の乱で諸堂が焼けたが、国宝の藤原時代作のすばらしい五重塔が残っている。

『義演准后日記』を読むと、醍醐寺第八十代座主の義演が秀吉や家康にとり入って醍醐寺を再興したという。太閤秀吉の醍醐の花見は有名である。

『百練抄』に、鎌倉時代、安貞元年（一二二七）、醍醐寺の衆徒が真言宗山階派の大本山の勧修寺《かじゆうじ》を襲って、その坊舎を焼いたとある。

また、室町時代の中ごろ、応永三十一年（一四二四）にも、醍醐寺の衆徒が、近江の大津の石山寺の衆徒と荘園の境界のことで争い、石山寺を襲った、と『看聞御記』にある。

3　天台の流れと新興禅

洛北の鞍馬寺

鞍馬寺は、洛北、鞍馬山の中腹にある。正しくは松尾山金剛寿院と称した。もと天台宗だが、今は鞍馬弘教の総本山である。寺伝によれば、鑑真《がんじん》和上の高弟の鑑禎《がんてい》上人が、宝亀元年（七七〇）に霊夢により、鞍馬山に毘沙門天をまつった。延暦十五年（七九六）に至り、造寺長官の藤原伊勢人《いせと》が王城鎮護の道場として千手観音をまつる伽藍を造営したという。

境内には、本堂・宸殿・金堂・多宝塔が山肌に建っている。同寺には、国宝指定の石造宝塔をはじめ、毘沙門天像などがある。天狗松から、奥の院、不動堂を経て、魔王堂や僧正ヶ谷に至ると、義経が天狗僧正坊に武芸を習ったむかしのムードがただよっている。

山城の僧兵史料を探すと、嘉保元年（一〇九四）に、鞍馬寺の僧兵と賀茂社の神人とが乱闘した記録がある。長寛元年（一一六三）にも、鞍馬寺と洛北岩倉の大雲寺との僧兵が争っている。また、『百練抄』の記事によると、治承二年（一一七八）には、叡山の大衆が鞍馬の衆徒を連れだして、延暦寺の法眼忠雲と争った。そのとき大谷風早《かぜはや》の坊舎を焼いたとある。

寿永二年（一一八三）、木曽義仲が京へ攻めてきたとき、後白河法皇はひそかに鞍馬へ登り、衆徒に守られて叡山へ逃れた、と伝えている。このほか、康暦元年（一三七九）にも、鞍馬寺の衆徒が、賀茂神社の神人と荘園の境界問題で争っている。

難波の四天王寺

比叡山と深いかかわりのある難波《なにわ》（大阪市）の四天王寺にも、僧兵の活動があるので、触れておこう。

四天王寺は、国鉄天王寺駅からバスで天王寺西門前で下車すると、重要文化財に指定された西門の石鳥居がある。この寺は、聖徳太子が蘇我馬子と協力して物部守屋を倒し、その戦勝を祝って摂津玉造（大阪城の近く）に建てられた寺である。国宝指定の「四天王寺縁起」によれば、用明天皇二年（五八七）の建立と伝えられる。

四天王寺の堂塔は、浄土真宗石山本願寺が織田信長に十一年間も抵抗した石山合戦、家康が豊臣秀頼の大坂城を攻めた大坂冬の陣、江戸時代に入って享和の雷火などで焼失した。さらに、太平洋戦争でも被害を受けたので、現在の金堂は昭和三十六年に復元再建されたものである。

難波の四天王寺の僧兵の記録は、まず、藤原定家の『明月記』の寛喜二年（一二三〇）のくだりにある。四天王寺の衆徒が荘園の境界のことで住吉社と争った、とある。同年は飢饉であった。

また、『明月記』のほか、『天台座主記』によると、寛喜三年（一二三一）、四天王寺別当に尊性法親王が改補になったとき、四天王寺の僧徒が騒ぎを起こしたとある。この年も京都・大坂は大飢饉であった。僧兵の騒動は世相とおおいに関係が深いようだ。

文暦元年（一二三四）には、四天王寺の執行の明須と、前執行の円順とが争ったと、『百練抄』にある。

同じく『百練抄』には延応元年（一二三九）のくだりに、叡山の大衆が「四天王寺の別当職は、延暦寺の僧の中から選ぶべきだ」と言って、神輿を根本中堂にかつぎあげ、不穏な行動にでたので、六波羅探題が兵を集めたとある。これは『天台座主記』にも書いてある。

建長元年（一二四九）、文永元年（一二六四）、弘安六年（一二八三）、正応四年（一二九一）などにも、四天王寺の別当職の更迭があったが、そのたびに、叡山の大衆が神輿を奉じて入洛している。

これらは、四天王寺を延暦寺の支配下におきたかった叡山の僧兵の行動だけれど、そのたびに四天王寺の僧徒も呼応したことがうかがわれる。

嵯峨野の天竜寺

嵯峨の天竜寺にも僧兵がいた。『太平記』や『園太暦』によると、貞和元年（一三四五）に、叡山の大衆が、天竜寺の供養に光厳上皇が行幸になるというので反対し、疎石禅師を処罰してほしい、と主張した。『太平記』巻二十四の「山門ノ嗷訴《ごうそ》ニ依ツテ公卿僉議《くぎやうせんぎ》ノ事」では「上皇臨幸成ツテ、供養ヲ逐ゲラルベシトテ、国々ノ大名共ヲ召サレ、代々ノ例ニ任セ其役ヲ仰セラル。凡ソ天下ノ鼓騒《こそう》、洛中ノ壮観ト聞ヘシカバ、例ノ山門ノ大衆忿《いかり》ヲナシ、夜々ノ蜂起、谷々ノ雷動休時《やむとき》無シ。アハヤ天魔ノ障碍《しやうげ》、法会ノ違乱出来タリヌルトゾミエシ。三門跡是ヲ静メン為ニ御登山アルヲ、若大衆共御坊へ押寄セテ、不日ニ追下シ奉リ、頓《やが》テ三塔会合シテ大講堂ノ大庭ニテ僉議シケル」とある。文学的記述なので誇張はあるが、天竜寺の事件は、このように古典文学のなかに大きく影を落としているのである。

『太平記』には僉議の内容をさらにくわしく述べているが、主張の根本の原理は「夫レ王道ノ盛衰ハ、仏法ノ邪正ニヨリ、国家ノ安全ハ、山門ノ護持ニ在リ」という立場で、上皇が天竜寺に行幸すべきでないと主張した。このことをくわしくしたためて、奏上に及んだ。

北朝では、幕府に対し、山門からの奏状を渡してその対処を協議させたところ、足利将軍らは、「是ハソモ何事ゾ。寺ヲ建テ、僧ヲ尊《たつと》ムトテ山門ノ所領ヲモ妨ゲズ、衆徒ノ煩ニモナラズ、タマタマ公家・武家仏法ニ帰シテ大善事（天竜寺供養）ヲ修セバ、方袍圓頂ノ身トシテハ、共ニ悦ブベキ事ニコソアルニ、障碍ヲ成サントスル条返々《かえすがえす》不思議也云々」と決議し、かえって山門の大衆が面目を失った、と『太平記』の作者は書いた。

そこで叡山は、神輿をかつぎだし、東大寺や興福寺の協力も求めて強訴に及んだが、「天竜寺の供養」は、足利尊氏・直義らが参詣して盛大に行われ、法会の翌日には、南朝の花園法皇、北朝の光厳上皇も参詣するという結果に終わった。

東山の南禅寺

南禅寺は臨済宗南禅寺派の大本山で、正応四年（一二九一）、亀山上皇が無関普門を開山として建立された。五山の上位に栄えた禅寺である。

南北朝時代、正平二十三年（一三六八）に、園城寺と南禅寺とが争ったとき、叡山の大衆が神輿を奉じて入京し、新興の禅宗を弾圧するために南禅寺を朝廷へ訴えた。これは、南禅寺が楼門を造営しようとして寺領地域に関所を設けて人頭税を集めたところ、園城寺の若僧が通り、税を払わなかったので、関守と若僧とが争い、その若僧が殺されて争いに発展したものである。そこで、園城寺の大衆が怒って、南禅寺領の関所を襲い、双方に負傷者がでた。

室町幕府は、天竜寺と東福寺と万寿寺の長老を集めて、南禅寺対園城寺の問題を協議し、幕臣の今川貞世を使者として、南禅寺の関所を襲われた仕返しとして園城寺の関所を壊し、園城寺の寺領の一部を奪った。驚いた園城寺は、延暦寺に助けを求めた。そこで、叡山の大衆が南禅寺の楼門を壊そうとした。また、南禅寺は、禅宗が正法であることを主張するため『続正法論』を書いて他宗より秀れていると訴えた。叡山の大衆はさらに怒って、「三千大衆法師」の名をもって南朝へ訴えたという。

幕府は、定山祖禅著の『続正法論』は南禅寺で書いていないと弁解したが、叡山は納得せず、祇園社の神人に南禅寺を破却せよと命じた。神人らがちゅうちょしたので叡山の大衆が山を下りた。

幕府は、新興勢力である武士の気質が新仏教である禅寺の気風とよく合ったので、南禅寺を擁護した。したがって、旧仏教の叡山と新仏教の南禅寺との対立は、かなり深刻に続いた。

さらに、山城の大寺で僧兵の活動が見られるのは、東福寺である。臨済宗東福寺派の大本山で、関白九条道家が、旧法性寺跡に弁円円爾《べんねんえんに》（聖一国師）を招いて開いた禅寺である。嘉禎元年（一二三五）の創建で、京都五山の一つである。この東福寺の衆徒が、享禄二年（一五二九）に、稲荷社の神人と争ったという記録がある。また、それより以前の享徳三年（一四五四）に、各地で徳政一揆が起こったとき、同寺の設置してきた関所を廃止しようと立ちあがった土民を討った衆徒の活動のことも、書き残されている。

このほか、僧兵を擁していた京都の寺には、天台宗の大雲寺、真言宗の神護寺があり、北野神社にも僧兵活動の史料がある。山城国の天台系の諸大寺にはほとんど僧兵がいて、叡山の大衆と深くかかわりながら、独自の活動をしていたことがわかる。

4　西国の僧兵

大山寺縁起

地方の僧兵の歴史をしらべると、史料としては中世のものであるが、内容は古代のことが述べてあることが多い。西国の僧兵の場合も同じで、古代から中世にわたってのごく概略しか見ることができない。

中国地方の僧兵を語るとき、その代表的なものといえば、伯耆《はうき》（鳥取県）の大山《だいせん》寺である。同寺には『大山寺縁起』十巻があって、僧兵の記録をとどめている。ところが、原本は昭和三年四月の火事で焼失し、模写本が東大史料編纂所にある。それによると、大山寺は養老二年（七一八）に建立されたという。しかし、開基には諸説があって、修験者らしい知積か、金蓮か、あるいは行基ではないかといわれるが、清和天皇の貞観年間（八五九―八七六）に、比叡山の円仁が力を入れ、その弟子たちによって諸堂が整備され、今日に栄える大山寺になったようだ。

円仁は、堂舎を建て、本尊に丈六（約五メートル）の地蔵菩薩を安置した、と伝える。中世には修験道の寺として栄え、近世まで、太神山《たなかみやま》社の奥宮を本堂としていた。平安時代の遺構である阿弥陀堂（重要文化財）には、白鳳仏三体と、藤原末期の阿弥陀三尊仏を安置している。

『大山寺縁起』の奥書には「応永五年（一三九八）戊寅八月一日書之、前豊前入道了阿」とあった。内容は、大山寺の草創から、霊験のいろいろが述べてあり、書も絵も筆者は不明だが、絵は土佐派のものといわれる。詞書は、色紙形のなかに記され、「当山寺領の山に、多くのけもの、魚、鳥をとりつくし、のちには池の主の大蛇などを切殺し、人の振舞ひにはあらず、鬼神の如く也」という文体で、同寺の創建時の状況が詳述されている。

縁起、その他の史料にでてくる大山寺の僧兵の記録を要約してみよう。

白河天皇のとき、永保元年（一〇八一）、朝妻寺（鳥取県汗入郡妻木）に鋳造された梵鐘のことで、大山寺山内の中門院と南光院とが争った、と述べてある。

さらに、寛治七年（一〇九三）には、地蔵会の費用の負担をめぐって、こんどは中門院と南光院とが共同して、西明院と戦った。このとき、白河上皇の御所へ、大山寺の僧徒が三百人で強訴した。この事件は、大山寺と在地の領主との争いに発展した。そこで、費用は富田荘（西伯郡会見町付近）の荘司が負担したという。

平安時代にできたわが国最初の国語辞典である『伊呂波字類抄』には、大山寺の僧徒が三千人いた、とある。

大山寺は比叡山の無動寺の勢力下にあったが、近くの東伯郡三朝町にある美徳山三仏寺は園城寺の勢力下にあった。したがって、この両寺は山・寺両門の争いの影響を受け、その勢力拡張を競って争った。争いには、いうまでもなく僧兵が活動した。

ところで、『中右記』には嘉保元年（一〇九四）に、大山寺の僧徒が、理由は書いてないけれど、白河上皇の院の御所へ天台座主を訴えたとある。

長治二年（一一〇五）には、大山寺領内を荒らしている悪僧を取り締まってほしいと、京の検非違使庁に訴えたので、朝廷は、伯耆国を支配していた九州の大宰府に対し、悪僧を召し取れと命じた。その悪僧は、法楽といい、無動寺の大衆であった。法楽の正体はよくわからないが、諸国の天台末寺のいくつかの住職を転々とし、荘園の荘官もつとめたことがあるらしい。つねに数十人の武士を引きつれて京と地方とを往来し、思うままに乱暴をはたらいたという。

また、仁安三年（一一六八）に高倉天皇が即位されて初めての大嘗会《だいじょうえ》（天皇が即位礼後、悠紀殿を建てて行う最初の新嘗祭）があったとき、その祭礼費の一部を大山寺へ割り当てた。当時の伯耆守は、高倉天皇の生母の兄の平親宗であった。伯耆の国衙が大山寺へ割り当てを伝えると、南光院は受け入れたが、中門院と西明院とは拒否した。そこで国衙が、反対の二院に対し出兵したところ、戦いとなり、国衙の味方の南光院と他の二院とが正面衝突した。ために大山寺は全焼した。

このとき、美徳山三仏寺の僧兵が南光院の味方をしたので、中門院と西明院との僧兵が美徳山を攻めて、三仏寺の本堂と諸堂を焼いた。

このように見てくると、大山寺は僧兵の牙城ということができる。時代が下って、元弘三年（一三三三）に後醍醐天皇が伯耆船上山へ潜行して以来、ここは南朝方の地盤となった。

九州の太宰府

九州の僧兵を語る場合、まず観世音寺が浮かんでくる。同寺は「九州・二島（壱岐・対馬）の僧統」といわれ、九州の寺院と僧侶との統率者であった。

観世音寺は、天智天皇の創建以来、官寺として大宰府の保護により、また満誓や玄昉《げんぼう》らの尽力もあって、有力な寺院に発展した。とくに、その中の戒壇院は、奈良の東大寺、下野（栃木県）の薬師寺とともに、天下の三戒壇の一つとして有名であった。

観世音寺は、西鉄大牟田線都府楼前駅からすぐである。本堂と戒壇院がりっぱで、収蔵庫には国宝の梵鐘をはじめ、藤原から鎌倉にかけての仏像十六体がある。延喜五年（九〇五）の「観世音寺資財帳」によれば、建物・仏像がすばらしく、荘園も多く、寺格を誇る古寺である。

長暦二年（一〇三八）には大宰府のなかにあった兵馬所と、観世音寺とが、荘園の所有をめぐって争ったし、康平二年（一〇五九）には、大宰府の学校院と、観世音寺とが、やはり所領の奪い合いで争っている。

『中右記』によると、寛治元年（一〇八七）十二月二十九日のくだりに、九州の宇佐八幡宮の神人が京に上り、大宰大貳の藤原実政を、白河上皇の院庁へ訴えた。それは、八幡宮の神人と実政とが戦ったとき、実政の矢が神輿にあたったので、それを怒っての訴えであった。院庁で審議された結果、実政は伊豆（静岡県）へ配流になることでけりがついた。

同じく『中右記』によると、このほかにも、八幡宮および弥勒寺（宇佐八幡宮の本地仏をまつる寺）の僧兵の活動が記されている。

また、大宰府天満宮の古図を見ると、菅原道真の廟があって、安楽寺と称した。承徳元年（一〇九七）に、この安楽寺の僧兵と土師荘（嘉穂郡）の荘司とが組んで、観世音寺の碓井御厨《うすいみくりや》山口村に乱入し、略奪をはたらいた。これは、安楽寺が山口村を横領するためであった。そこで大宰府政所《まんどころ》は、横領地を返却するよう牒状を出して解決をした。しかし、大宰大貳の藤原有国のごときは、みずから観世音寺の宝物を奪うという事件を起こした。

ところで安楽寺は、この地方の二大荘園領主で、荘園の寄進も多かった。十一世紀ごろの荘園をしらべると、一六八か所という膨大なものであった。同じころ、宇佐八幡宮の弥勒寺の荘園は二五二か所もあったという。これらの荘園を守るために、社僧・神人などがかなりいたようだ。当然、僧兵の勢力も大きかったのである。

これらの諸大寺のほか、福岡・大分両県の境にそびえる英彦《ひこ》山の英彦山権現社（現、英彦山神社）にも、かなりの僧兵がいたようである。この山も、天台宗系の修験の山で、盛時には三千八百もの僧坊があったと伝えられている。嘉保元年（一〇九四）に英彦山の衆徒が大宰府へ強訴したとき、大宰大弐の藤原長房は恐れて京へ逃げ帰ったという。このことは、英彦山の僧兵の力量を示す話である。

天満宮から約一・五キロ離れたところに竈門《そうもん》神社がある。宝満山の麓で、参道の途中に竈門山寺跡の礎石があり、伝教大師最澄が入唐の旅の途中、薬師如来像を刻み、渡海の平安を祈った寺と伝えている。

長治二年（一一〇五）六月のことであった。大宰権帥の藤原季仲と石清水八幡宮別当の光清とが手を結んで、竈門社の神人と争った。原因は、第三十八代天台座主の慶朝が院宣をもって石清水八幡宮の別当の光清を竈門社の別当に任命したのに、同社の神人が反対したためであった。ところで、座主の慶朝は、大衆と意見があわず、叡山を追いだされてしまった。

その後、法楽が現れて、竈門社の別当をつとめた。法楽は、大山寺でも騒ぎを起こし、羽振りをきかしていた人物である。法楽は、延暦寺の大衆や日吉社の神人の派遣を乞い、竈門社の神人を抑えようとした。ところが、法楽の横暴が検非違使庁の知るところとなり、法楽とその一味は取り抑えられることとなる。

大宰権帥の季仲は、法楽に頼まれた悪僧らを捕えようとしたが、合戦となり、矢が神輿にあたって日吉社の神人が死んだ。叡山の大衆はこれを知って、ただちに朝廷へ訴えた（八〇ページ参照）。

以上きわめて断片的に地方の僧兵の活躍ぶりを見てきたが、京都の僧兵の影響を受けており、中央と地方とがいかに相似形的に密接な関係にあったかがよくわかる。

Ⅴ　僧兵挽歌

1　南北朝時代

動乱の南北朝

院政時代に最も派手に行動した僧兵が、いつごろから衰退しはじめたかをしらべてみると、元弘元年（一三三一）に起きた元弘の変あたりからである。元弘の変から、元中九年（一三九二）に南北両朝が合一するまでの、およそ六十年間を南北朝時代という。

元弘の変は、後醍醐天皇が鎌倉幕府を討つ計画を立てたが、六波羅探題に知られて、天皇は笠置へ逃げたが捕えられ、北条氏に擁された光厳天皇（北朝のはじまり）が即位した事件である。後醍醐天皇は翌年、隠岐へ流された。しかし、楠木正成らの挙兵で助けられ、元弘二年には護良親王が吉野で挙兵して討幕の計画を進めた。また、幕府に反対する武士勢力が畿内を中心に各地で挙兵した。

元弘三年、鎌倉幕府は滅び、建武の中興と称する天皇親政の時代がきた。しかし、この新政治もわずか三年で崩壊した。後醍醐天皇は吉野へ入って南朝の存続を図った。このため、内乱が始まった。この南北朝の内乱によって、荘園を基盤とする貴族や寺社が没落し、僧兵も衰退しはじめた。

南北朝時代は、内乱によって王朝政治が一掃され、武家の政治体制と文化がつくりだされた時代であった。そして、荘園経済の解体がはじまり、生産の増加もあって農村経済が大きく変わり、郷《ごう》村の惣《そう》（農村の自治組織）が発達しはじめた時代だった。農村は荘園村落ごとに団結し、農民の生活や、社会も発達し変化した。また、地頭や在地領主らも、彼らの地域結合を強めて農村の支配を強化し、自分らの所領を守り拡大するために、互いに激しく争った。この当時、国人衆《こくじんしゅう》といわれた在地武士団もいた。

足利尊氏は、武家政治の再興のために貴族や寺社の勢力を幕府に統一する方針をとった。しかし貴族や寺社の勢力はまだ相変わらず強力な面もあったから、武士と僧兵と農民との三者をどのように調整すれば社会が安定するか、尊氏ら天下を支配する政治家は苦心したようであった。

変革期の僧兵

この南北朝時代の変革期にあって、僧兵たちはどのような動きを示しただろうか。

元弘の変後、世の中は物情騒然としていた。元弘三年（一三三三）に、叡山の大衆が六波羅探題と争ったことが『太平記』に書いてある（一一四ページ参照）。これは、朝廷と一脈通じていた延暦寺が、鎌倉北条氏の六波羅を降伏させる祈禱などしていた関係で出動したのだが、このころは叡山の僧兵の威力がまだまだ衰えていなかった。

しかし、建武二年（一三三五）になると、たとえば、叡山の僧宥覚らが近江の伊岐代城《いきしろ》（草津市片岡）で高師直《こうのもろなお》と戦ったときには、『太平記』の作者も言うように、武士の力が強く、叡山の思うとおりにならなかった。

ところで、園城寺が足利氏の味方をせよとの呼びかけに応ずると、南朝の軍が園城寺を攻めて焼いた。このときの南朝の軍のなかに山門の僧兵が混じっていた。南北朝時代になると、山門と寺門との争いにいつも南朝や足利氏の武士が協力していることは、注目すべきであろう。武士と真っ正面からぶつかっても負けなかった僧兵が、武士の援助を受けて争うに至った。衰退の兆しと見るべきであろう。逆に、武士勢力が発達したことになる。武士と僧兵とは双生児といわれながら、このあたりから武士に追い抜かれたのである。

建武三年（一三三六）六月には、叡山の大衆が足利直義と二十日間も激しく争った（一四七ページ参照）。足利尊氏は京都に幕府を開き、暦応元年（一三三八）、北朝の光明天皇から征夷大将軍に任ぜられた。

『園太暦』によると、正平元年（一三四六）と正平三年（一三四八）に、近江国栗太荘の荘園争奪のことで叡山の大衆が強訴を企てたが、神輿を横川や西塔へ移しただけで、京へなだれこむ勢いがなかったのか、たいへん弱腰であったという。下って正平二十四年（一三六九）には、叡山の大衆が神輿を奉じて入洛したけれども、足利義満の幕府軍に簡単に阻止され、南禅寺楼門撤去の要求を達成することができなかった（一三五ページ参照）。

それから以降、文中元年（一三七二）、天授四年（一三七八）、元中三年（一三八六）などにも、叡山は三塔十六谷のあいだで主導権争いをしたようだが、この内紛の解決は、叡山だけではできなくて幕府の力で収拾してもらうほどであった。

京極道誉と山門

南北朝時代を迎えると、たび重なる戦乱によって、腕をみがいた武士が僧兵より優位にでてきたけれど、地方武士などに対しては、僧兵のほうがまだ優位を保っていた。

近江の名門、佐々木氏は、定綱の子の広綱が承久の乱で死ぬと、弟の信綱が跡を継いだ。『吾妻鏡』には、暦仁元年（一二三八）十月に信綱が第四代将軍源頼経を近江国小脇館《おわきのやかた》（滋賀県八日市市）で接待したとあるから、順調に出世街道を進んでいたといえる。信綱の子の泰綱が佐々木本家の六角氏を継ぎ、氏信は京極氏の祖となり、それぞれ名門の誉れ高い武将となった。六角氏と京極氏とは、京都に六角や京極の地名を残していることからもわかるように、平安京の要地に邸を持っていた。中世の代表的な武将であり、近江第一の強い勢力を持っていたので、当然のことながら比叡山延暦寺と対立した。

なかでも京極道誉（佐々木高氏）は、鎌倉幕府の執権北条高時の寵臣として、佐々木の本家六角氏をしのぐ勢いであった。そして、南北朝の内乱期には婆娑羅《ばさら》（遠慮なく派手に振る舞うこと）大名と称された武将であった。道誉のことは『太平記』や『増鏡』にくわしく登場する。

建武三年に後醍醐天皇が叡山の東麓の坂本に逃れたとき、山門は天皇の味方をした。そこで、足利尊氏の弟直義は、信濃国（長野県）の守護で新田義貞に従って鎌倉を攻めて功のあった小笠原貞宗に命じて、道誉とともに山門を討った。道誉は、元弘の乱のとき、千早城攻撃に参加しながら、鎌倉を攻めて幕府を滅ぼした新田義貞の味方をしたほどの人物である。だから「山徒の遠類親類、宮方被官ノ所縁ノ者」まで追放して、佐々木氏の叡山に対する積年のうらみを晴らしたという。しかし、叡山と佐々木氏との関係はなかなかけりがつかなかった。

暦応三年（一三四〇）十月のことであった。道誉がいつものように出かけた小鷹狩りの帰りに、延暦寺の別院である京都の妙法院門跡（三十三間堂）の前を通り、秋の紅葉を一枝折ったところ、坊官（寺の役人）にとがめられた。家来たちが争いを起こした。道誉は「ちょうどうまい具合だ」と進んでこの事件に介入し、「如何ナル門主ニテモオハセヨ、此比《このごろ》道誉ガ内ノ者ニ向テ、左様ノ事フルマハン者ハ、覚ヌ者ヲ」と怒り、三百騎をもって妙法院を焼き討ちにし、さんざんに狼藉を行った。この道誉の徹底したやり方を、『太平記』の作者は「穴浅猿《あなあさまし》前代未聞ノ悪行カナ。山門ノ嗷訴《ごうそ》、今ニ有ナント云ハヌ人コソ無カリケレ」と批評した。

叡山は怒って、道誉とその子秀綱を死罪にせよ、と幕府へ訴えた。室町幕府は、やっとのことで道誉と秀綱を上総国（千葉県）山辺郡へ流罪に処したが、叡山は不服であった。

しかし、説得されて大衆が納得すると、この事件はいちおう終わったかに見えたが、道誉の抵抗はさらに徹底していた。日吉山王の使者とされる猿の皮を靫《うつぼ》（矢を入れて背負う筒形の武具）に掛けたり、腰当てにして、山門をからかったという。

山門に対する佐々木氏歴代の態度のなかで、道誉の場合は、彼が室町幕府の重鎮であったからか、たいへん強硬であった。このことは、表面的にはまだ僧兵の勢力が強く見られるけれど、着実に武士の力が伸びてきたことを示しているのである。

足利尊氏が権力を得て、北朝を支持し、その後、義詮《よしあきら》・義満らの尽力で、京都に室町幕府が確立されると、政治的にも経済的にも大きな変動をもたらした。

政治的には、守護が各地に分散的に所領した土地を捨て、任国を中心とする大名領をつくりあげた。その影響で、朝廷の中央集権的な荘園所有が事実上解体し、貴族や寺社も、以前と違って、所領を各地に分散して所有する領主へと変わった。経済的にも、鎌倉時代までの家内奴隷が解放されて惣領制（武家社会において一族の所領を惣領すること）がなくなり、地主・作人制（荘園の領主から土地をあてがわれ、請負って耕作する。単なる小作人でなく、その下に農民を使った）に移った。

また、郷村には惣が生じ、さらに、定期市が発達し、交通の要地に家内工業が盛んとなった。こうして、寺社・権門の荘園が解体され、農民の解放が進むと、各地に農民一揆が起こり、また、武士団が国人衆という連合勢力をつくり、時代の変革に対処した。幕府としては、農民を背景とする国人衆の要求を受け入れないと、政権の安定さえ保てなかった。

2　室町時代

室町期の社会

室町時代は、足利尊氏が建武式目を制定して幕府を開いた延元元年（一三三六）から、幕府が滅亡する元亀四年（一五七三）までの約二百四十年間を指すが、南北朝が合体するまでを南北朝時代と称するので、ふつう室町時代というのは応永（一三九四―）から応仁の乱（一四六七―一四七七）以後の戦国時代も含める。

この狭義の室町時代は、三期に分けて説明するとわかりやすい。

前期は、応永―永享期で、文化史的には北山時代といい、京都衣笠《きぬがさ》山麓に足利義満が北山山荘を造営したので、その名がある。北山山荘は、義満の死後、鹿苑寺と呼ばれ、現在の金閣である。義満は、山陰地方を中心に十一か国の守護であった山名氏や、中国から北九州にかけて勢力をもった大内氏を討って成功したため、義満とその子義持の時代は室町幕府にとって全盛期であった。

中期は、嘉吉―延徳期である。六代将軍の義教は、播磨の豪族赤松氏を討つことを企てたが、逆に、赤松満祐に暗殺された。そこで、いったん勢力を殺《そ》がれた山名氏・大内氏が勢力を回復した。そして、山名氏と管領家の細川氏とが対立して応仁の乱に発展するのだが、かかる乱世にあっても、義教の子の義政は、東山に山荘を建て、ここを中心にして東山文化を残した。東山山荘は現在の銀閣である。

後期は、明応元年（一四九二）から、室町幕府の滅亡までをいう。この時代は、下剋上の動きが年とともに強まり、各地の守護大名が家臣らによって倒された。

室町時代を概観すると、古代の荘園制度の崩壊が決定的となり、新しく大名領国制が発展したので、皇室・貴族・社寺の勢力が退却した時代である。とくに、座商業や貨幣経済が盛んとなり、新しい都市が興った。一方、農村では自治が進み、土一揆が頭角をあらわした。

弱体化した叡山

永享五年（一四三三）、弱体化した叡山の大衆は、十二か条の要請を幕府へ訴えた。同年七月十九日のことであった。日吉社の神輿を山上の根本中堂へ移して、大衆が僉議を開いた。そして、十二か条の訴状をしたため、幕府へ提出した。これは、漢文で書かれているので、要約して述べると、つぎのようである。

一、山門の訴訟は清和天皇の善政により始まるものなれば、理に照らして速やかに処置されたい。

二、宝幢院は源家の長久を祈る寺だから、本堂を建立したいので、早速にその造営を許していただきたい。

三、叡山の事務の責任者である猷秀の名で釈迦堂の修理を申請したので、検討していただきたい。

四、猷秀が借金をして天下の大法に背く点については、取り締まりをしてほしい。

五、猷秀は慈覚大師の門流であるが、非が明確になれば大衆に相談し、俗名を与え、首をはねてほしい。

六、近江の愛知庄は日吉社の所領であるから、坐禅院が管理をする。

七、猷秀の味方も多いので遠流にしていただいてもよい。至急処置してほしい。

八、近年になって、顕教・密教の僧が怠って混迷しているから、厳重に注意し、昔のように教学を盛んにしてほしい。

九、叡山の三千の僧徒は仏教を広め伝える役目があるから、朝廷の令旨を幕府も尊重し、背かないでほしい。

十、肥前守（氏名不詳）が猷秀と親しくしているが、悪者だからよく監督してほしい。
十一、肥前守が今後も悪事を行った者を叡山の大衆に引き渡すよう、注意してほしい。
十二、叡山の役付の大衆が悪事をはたらき掠奪行為などをすれば、大法に背くことだから、禁止してほしい。

この原文は、伏見宮貞成《さだふさ》親王の日記『看聞御記』にある。全体の要旨は、叡山の事務的な役職についていた猷秀と、幕府の役人であった赤松満政やその仲間の飯尾為種らとが組んで、悪行をしているから処罰してほしい、という訴えであった。猷秀に対しては、僧籍を奪い、首をはねてほしい、とまで述べた。もし聞き入れられなければ、神輿をかついで入洛する、と言った。

この訴えを受けた将軍足利義教は、御所や幕府を守るために諸将を集め、叡山の大衆が入洛するのに備えた。義教は、もと青蓮院門跡で、天台座主を三年つとめたことがあるが、兄の義持が死んだので還俗して将軍になった人である。『看聞御記』には、十二か条を訴えた山門の大衆と、幕府とが、洛中で合戦を始めるのでないかと心配して恐れおののく日が続いた、と記している。

幕府の備えを聞いた山門大衆は、怖気づいたのか、訴状を出したままで入洛しなかった。幕府もそのまま放置した。しばらくして、幕府は叡山に対する処置に困り、近江の守護京極持光に叡山を攻撃させようと企てたこともあったが、実現しなかった。

叡山では、三度目の訴状を幕府へ提出した。「山王七社の神輿を九重の雲に捧げ、三千の衆徒ら、死骸を花洛の土に埋むべし」という決意を述べ、「今や仏法の破滅、神威地におちて、天下暗黒の状、見るにしのびず、宿老等の悲涙」をもって、この訴状を出す、と言っている。

そこで、将軍義教はやっと腰をあげ、猷秀を土佐（高知県）へ流罪とし、飯尾為種を尾張（愛知県）へ、そして、赤松満政を本家である満祐の家で拘禁する、という処置をとった。

これで、日吉社の神輿が鳴りを静めたかに見えたが、突如、叡山の大衆は園城寺を襲った。園城寺の衆徒が七十人余り負傷し、死者四人がでた。山門側も負傷七百人余り、死者多数、と記録されている。この事件は、山門の幕府への訴えに園城寺が協力しなかったからというのだが、後日の幕府の調査に対して山門は、坂本の土一揆がやったのだ、と逃げている。このことからも、僧兵の衰退の兆しがありありと見られる。

叡山の弱さにつけこんだ幕府は、永享十二年（一四四〇）、叡山を攻めた。山名宗全がその指揮にあたり、初め園城寺に陣をとって東坂本から、三百騎で攻めた。さらに、土岐持頼の百二十騎と野武士二千人が加わった。西坂本からは、小笠原・佐々木の両軍が攻めた。こうなると、強がりを言っていた叡山の大衆も、あっけなく降参した。戦いはきわめて小規模なものだった、と醍醐寺座主の『満《まん》済准后日記《さいじゆんごう》』に書いてある。

幕府は、近江の守護京極持光に命じて、近江国にある延暦寺領を取り上げた。怒った叡山の大衆は、日吉社の神輿を奉じて京へ入ったが、修学院の付近に放置して帰った。まったくだらしないやり方で、もはや僧兵の気力は地に落ちたのである。

叡山の大衆は二つに分かれ、穏健派が幕府に救いを求めたので、管領の細川持之らは兵を引き揚げさせた。騒動の責任者の円明坊兼宗は山を追われた。その子兼珍は京都の廬山寺で切腹したという。山門の使者の金輪院と月輪院も殺された。

これを聞いた叡山の大衆は、根本中堂を自分たちで焼き、関係者二十五名が自害したという。かくて、十二か条の訴えの結末は終わった。

このほか、公家社会の実状を書いた『親長卿記』によると、文明二年（一四七〇）の三月の記事に「今月二十三日に山上より杉生坊が押しよせ放火云々」とあり、文明七年（一四七五）六月にも、叡山の無動寺谷の衆徒が東塔の南谷を襲って、坊舎、数十か所をすべて焼き払った事件を記している。これらは、叡山全体をどちらの谷が支配するかの権力争いにすぎず、僧兵の統率力も弱った感がする。朝廷や幕府に内紛の解決を訴えても効を奏せず、無意味な叡山内部の僧兵の争いがくりかえされる昨今であった。

南都の六方衆

ところで、この時代の南都の状況をしらべると、藤原氏の勢力が衰えるに従って、当然のことながら興福寺の僧兵の勢力も弱っていった。興福寺の財政が乏しくなると、寺同士の諸院や諸坊が互いに寺領を取り合うために戦った。

中世の興福寺では、配下の寺中・寺外の堂塔や諸院・諸坊を六つの集団に分けた。これを六方衆という。六方とは、戌亥《いぬい》方・丑寅《うしとら》方・辰巳《たつみ》方・未申《ひつじさる》方の四方に、竜花院方と菩提院方とを加えたものである。それぞれの末寺がこれらのいずれかに所属し、若い僧に武器を持たせ、僧兵集団を形成していた。『大乗院寺社雑事記』には、六方衆に所属する末寺をつぎのように示している。

戌亥方　安位寺　高雄寺　置恩寺　当麻寺　仙間寺　伏見寺　高天寺
丑寅方　長岡寺　富貴寺　興善寺　鶴林寺　金勝寺　千光寺　信貴山寺
辰巳方　明王寺　慈明寺
未申方　なし
竜花院方　菩提山寺　龍福寺　円楽寺　平等寺　長谷寺　南法貴寺　法興寺　霊山寺　金峰山寺
菩提院方　宝生寺　極楽寺　永福寺　雪別所　随願寺　成身院　岩船寺　忍辱山寺　海住山寺　安養寺　観音寺　鹿山寺　灌頂寺

寺の数からいえば、菩提院方が最も多く、次が竜花院方で、その次が戌亥方と丑寅方とが同じ程度であった。若い僧の集団である六方衆は、南都の警察権を行使したほか、衆徒や国民を指導して大和国の守護にあたった。のち、次第に武士出身者がふえ、同寺の俗権を掌握した。

この六方衆のなかで有力だったのは、生駒郡の筒井氏、高市郡《たかいち》の越智《おち》氏、葛城郡の箸尾《はしお》氏、磯城《しき》郡の十市《といち》氏で、四家と称された。これらはほとんど武士出身だったから武事に従ったが、なかには学侶に出世したものも出た。ところで、近世に至っても、六方衆（僧侶）の名残りをとどめていて、興福寺の警護役を六方と呼んだ。

さて、六方衆が僧兵史のなかで活動した史料を探したが、くわしくは不明であった。ただ、応仁の乱には東西の諸将に誘われて紛争にまきこまれたようだ。

永享元年（一四二九）の七月、衆徒の豊田（天理市）中坊が、筒井氏の一族の井戸某と争ったとき、興福寺の別当や幕府の力では解決できず、井戸某には筒井氏・十市氏が味方し、豊田中坊には越智氏・箸尾氏らが味方し、大和全国に火の手が飛び、ついに筒井氏側が一時敗けた、という記録がある。筒井氏は北朝の流れをくんだものだし、越智氏は南朝の流れをくんでいたので、この対立はいつまでも尾を引いたのである。

ところで、室町幕府は越智氏を憎んでいたので、管領の細川氏や、播磨の守護の赤松氏を派遣して、豊田中坊を討ち、敗れた筒井氏と和解させた。かつては六方衆が大和全国を支配する勢力だったのに、互いに対立抗争が激しくなると、幕府の力を頼らねば紛争の解決がつかなかった。

この争いはさらに尾を引いた。

永享三年（一四三一）には、筒井順覚が箸尾氏を攻めて平田城を焼いた。

永享四年（一四三二）には、興福寺が幕府の命で臨時段銭（税のようなもの）を集めようとしたが、箸尾氏・越智氏が兵を挙げ、同時に農民も一揆を起こして、段銭の徴集の中止を申請した。筒井氏は、これを奈良で防いだが、敗北した。越智氏は勝ちに乗じて龍田社（奈良県生駒郡斑鳩《いかるが》町）を焼き払った。幕府は、畠山・赤松らに命じて、越智氏・箸尾氏を攻めた。両氏は抗しきれず、城を焼いて逃げた。ところが、越智氏らは再び勢力を盛り返して、高取城（高市郡高知町）にたてこもった。そこで、将軍義教は、斯波氏・細川氏に命じて攻撃させた。この争いはいつまでも続き、応仁の乱になだれこむのである。

時あたかも幕府の重臣畠山政長と同義就との相続争いが起こった。政長側には管領細川勝元が味方し、それに六方衆の筒井氏・箸尾氏・成身院らがついた。一方、義就側には越智氏が味方し、康正元年（一四五五）、譽田村（奈良県大和郡山市）で戦った。このときは、政長側が敗北した。ところがその後、寛正元年（一四六〇）十月の龍田での戦いでは、筒井・成身院らがよく戦ったので、義就側が河内（大阪府）へ逃げた。このとき、京都で細川勝元に対抗していた山名宗全は、義就に救いの手を伸ばした。山名と細川とは、応仁の乱の中心人物である。政長と義就との対立も、応仁の乱にまきこまれたのである。

こうして六方衆も、政長方と義就方に分かれて激しく争ったので、応仁の乱にまきこまれる結果となった。そして、僧兵としての寺社を守る仏法護持の使命を失って、ただ争いの明け暮れに武力を行使したのであった。

尊秀王の変

播磨・備前の守護赤松満祐は、所領と守護職とを幕府に取り上げられた。満祐は怒って、嘉吉元年（一四四一）、将軍足利義教を京都の赤松邸において暗殺したが、やがて幕府の追討軍によって播磨で敗れた。この事件を嘉吉の乱（赤松氏の乱）という。

満祐が殺された後、政局は極度に不安となり、徳政令の発布を求める土一揆が初めて近江で起こった。滋賀県の近江八幡市の奥津島神社に残る文書によると、徳政令の発布によって直接被害を受ける叡山は、強く徳政令に反対したようである。

しかし、京都周辺では、つぎつぎと一揆が起こった。一揆の主体勢力が農民なのか、国人と称する中・小領主層を含むものか、議論が分かれるけれど、諸大名の対立やそれに伴う政局の不安定が一揆を誘発し、すでに力をなくした幕府は一揆を鎮圧できなかった。幕府は、嘉吉元年九月十二日に初めて、侍所所司京極持清の名で最初の徳政令を出した。

こんな情勢につけこむようにして嘉吉三年（一四四三）、南朝の皇胤だと称する尊秀王が現れ、南朝方の遺臣日野有光と組んで御所を襲った。後花園天皇は近衛関白の邸に隠れて無事だったが、尊秀王の軍は宮殿を焼き、神璽《しんじ》と宝剣を盗んで、叡山へ登り根本中堂へ入った。この事件を尊秀王の変という。この内容は『看聞御記』にくわしいので、要約して紹介しよう。

九月二十四日。晴。去る夜のこと、凶徒が清涼殿へ乱入し、剣と璽（印鑑）を奪い取った。そのあとで火を各殿に放った。天皇は儀杖所（儀杖兵の控え所）におられたが、清涼殿の後ろへ出御された。親長と季春とが太刀を抜いて、凶徒を打ち払って天皇を逃がした。天皇は御冠を脱ぎすて、唐門より出た。お供は季春一人であった。親長は悪党に押し隔てられて行方がわからなかった。天皇は唐橋中納言家へ渡御されていたが、ひそかに御輿で陽明門から帰った。隠密の行動は公家の誰も知らなかったが、賢所へ渡られると、やっと侍女たちが集まってきた。

そして、尊秀らが比叡山へ登ったあたりの様子は、つぎのようになっている。

そもそも南朝方の謀反の大将を源尊秀と号し、そのほか、日野一位入道配下の悪党数百人が山上へ登って、臨幸だと言った。そして、中堂に閉じこもって三千の衆徒と相語らっている、と山門の使者が天皇に注進してきた。

続けて『看聞御記』の筆者貞成親王は「天下の大乱、言語道断の次第」と書いている。

管領の畠山持国は、山門の使者に対し、尊秀王を討つよう命じた。『看聞御記』には「其後、山門からの注進によると、南朝方の人主（不詳）と称する人、僧体の宮、同日野一品禅門以下の凶徒を討ち取り、中堂も焼けず、山徒は忠節を致したと申す」とある。これを聞いた室町幕府は、ただちに叡山の僧兵の戦功を賞した。その時の天皇の「倫旨」も残っている。

尊秀王のことはくわしくわからないが、『看聞御記』にでてくる上述の記事によれば、叡山の僧兵と理不尽な事件を起こした人物であった。

このほか、尊秀王の変とは直接関係ないけれど、『看聞御記』には、園城寺の衆徒が金堂にこもって強訴を行ったことが書いてある。また、康正元年（一四五五）十二月に、山門の衆徒が寺領の処置をめぐって強訴を起こし、神輿を奉じて雲母坂《きららざか》の水飲峠あたりまで行ったところが、訴えが聞き入れられたと知り、神輿とともに山上へ帰った、という記事もある。

寛正二年（一四六一）十二月には、山門の衆徒の入洛を防ぐために、幕府は土岐持益・京極持清に命じ、衆徒の襲来する行路にある万寿寺を守り、衆徒を追い返した事件もあった。

これらの記事からうかがえることは、もはや僧兵の勢力が昔日のものでなく、ずいぶん弱体化したことが明らかである。

3　戦国時代

一揆と僧兵

一揆とは揆（はかりごと）を一つにする意味で、一致した集団のことをいい、農民の集団行動を土一揆という。しかし元来は、白旗一揆とか、大旗一揆・十文字一揆などといって、鎌倉時代から、武士が集団行動を起こしたことを言ってきた。南北朝の末期ごろから始まった土一揆は、土着の武士を仲間に入れて、農民が年貢減免の要求とか、新税賦課の反対、また、関所の撤廃などの運動をすることがあった。

とくに、正長元年（一四二八）に起こった土一揆は、最初の大規模なものであった。近江坂本の馬借（商品の運送業者）の蜂起から始まり、たちまち京都周辺の農民らに広まった。

一揆には、幕府へ徳政令の発布を要求した場合が多く、酒屋・土倉を襲うという直接行動に出ることも、しばしばであった。一揆の研究は近年とくに進んで、諸先学の発表された論文によると、かなり実態が明らかである。

ところで、一揆の具体例のなかに、真宗の門徒農民を中心として、在地領主や在地農主化した被官と対立する民衆の集団が形成された。農村の門徒と守護とが対立することもあり、これらの真宗門徒集団の抵抗する行動を一向一揆という。在地領主のなかには、門徒農民に対立することの不利を知って自分も真宗の信者となり、一揆の勢力を支配に役立てた者もいた。

いうまでもなく、僧兵と、一向一揆を起こした門徒集団とは、内容が違う。僧兵は、荘園の農耕従事者を兼ねていて、仏法護持のために、寺を守り寺の荘園を守り、さらに寺院の権力の維持に尽くした。そして、南都北嶺などの学僧も、大衆も、同じように集まって、僉議によって神輿振り・強訴を決めたのである。一方、門徒集団は信仰を中心にして、庶民の暮らしを救おうという真宗の教義にもとづいて、徳政などの要求をからませながら、真宗教団の指導のもとに、為政者に訴えたのである。僧兵と門徒とは、動機も内容も、その華々しく活動した時代も、異にするけれど、無名の大衆の集団行動であることは同じで、その熱狂的な心意気は類似点が多いといわねばならない。

とくに、加賀国（石川県）で起こった一向一揆や、大坂の石山本願寺合戦のごときは、まるで僧兵と一揆とが同じものかとさえ考えられるので、すこしくわしく述べておこう。

加賀一向一揆は、年貢減免や徳政要求ではなく、長享二年（一四八八）に守護の富樫政親《とがしまさちか》を倒し、以後九十年余り、門徒農民・国人（農村武士）・坊主らの合議制で加賀国を支配した事件で、一向一揆の代表的なものである。この一向一揆の運動はどうして起こったのであろうか。

初め、寛正六年（一四六五）、叡山の大衆が京都の東山の大谷にある本願寺を攻めた。蓮如は、防戦したが敗れて、近江（滋賀県）の大津へ移り、堅田に住んだ。そして、近江に一向宗をひろめた。文明三年（一四七一）、蓮如は追われて堅田から越前（福井県）の吉崎に至り、吉崎御坊を建てた。吉崎では、北陸の厳しい風土のなかで苦しい生活を続けてきた民衆が信者となり、かなりの財力を蓄えた。

このころ、加賀の富樫氏は、兄の政親派と弟の泰高派とに分かれ、国を二分して対立した。応仁の乱のときは、東軍の細川氏に政親が味方し、西軍の山名氏に泰高がついた。この泰高は蓮如に味方して本願寺を外護した。しかるに、政親は伊勢（三重県）の真宗高田派の本山専修寺《せんじゅじ》に味方した。専修寺の法主真慧の妻は政親の娘であった。このような情勢にあったので、蓮如は、加賀・能登・越中の門徒を集めて政親の城を攻めたが、政親は機先を制して吉崎御坊を焼いた。ところが、政親の軍は弱かったので越前へ亡命し、守護の朝倉氏の援助を求めた。朝倉氏はひそかに蓮如に応援を頼んだ。蓮如が泰高側であるのを知らなかったのだろうか。蓮如は「言語道断迷惑次第」と断った。

政親側の高田派と泰高側の本願寺派との争いはますます激しくなった。真宗高田派が本願寺派に対して殺害・放火を行ったので合戦となり、平泉寺（福井県勝山市）や近くの仏光寺の門徒も高田派に味方し、この合戦に加わった。蓮如が北国へ来たのは「越前加賀越中の百姓を極楽往生させるため」で、参戦するはずではなかったのだが、成り行きに流され、争いにまきこまれてしまった。

文明十三年（一四八一）、叡山の大衆が、訴状を管領の畠山政長に出して本願寺の暴挙を述べ、一向宗の禁止を乞うた。その訴状のなかに「加州一国、既に無主の国となる」とあり、「本願寺一派の所行を見て、正法を誹《あなど》り、仏像経巻を破滅し、神社仏閣を顚倒し、無仏世界張行、前代未聞の濫吹也」とある。

文明十八年（一四八六）、政親は将軍足利義尚《よしひさ》の麾下、佐々木六角氏の軍に加わって上洛した。その留守中に、本願寺の門徒が一揆を起こした。政親は、義尚に頼んで急いで帰国し、高尾城（金沢市）にたてこもって一揆を潰そうとした。泰高のもとに集まった門徒は意気軒昂《けんこう》で、激しく高尾城を攻めた。義尚は越前・越中の諸将に高尾城を助けるよう命じたが、越中軍が門徒軍に敗れ、政親はついに自害した。一揆は泰高と本願寺派の勝利に終わった。

一揆の成功は信仰の力を如実に示した。加賀の土豪はほとんど蓮如に帰依し、加賀は真宗王国となり、九十年余りのあいだ、政教一致の政治が行われた。

蓮如は、延徳元年（一四八九）に加賀の寺を実如に譲り、明応五年（一四九六）には大坂へ出て別院（石山本願寺）を建てた。

ところが天文元年（一五三二）には、京都の山科に建てられた本願寺を、細川晴元・山門大衆・六角定頼らに襲われ、焼失した。この山科本願寺は、文明十二年（一四八〇）に御影堂が建ち、翌年阿弥陀堂が竣工した。ほかに、寝殿などの坊舎を囲んで土居をめぐらした濠もあったので、「山科本願寺の城」といわれていた。

山科本願寺が焼けた後、大坂の石山（現在の大阪城本丸）にあった別院が本寺として発展した。ここは、後に顕如が兵力を集めて信長と戦った、有名な石山合戦の舞台となる。したがって、本寺としての施設を整え、濠・塀・土居を設けて、摂津第一の名城と称されるほど、まるで僧兵の拠点のような様相であった。寺の周辺に門徒が集まり、寺内町を形成し、天文十一年（一五四二）ごろには西町・北町・新屋敷・造作町など十町となった。永禄四年（一五六一）の『耶蘇会士《やそかいし》日本通信』に「日本の富の大部分は、この坊主の所有なり」と記されるほど、門徒の参集と寄進とを集めた。いかに石山本願寺が繁栄したかを、知ることができるのである。

一方、三河（愛知県）の一向一揆も強い勢力であった。永禄六年（一五六三）に、徳川家康が菅沼定顕に命じて佐崎（愛知県北設楽《しだら》郡設楽町田峰）に砦を築き、周辺の農村に食糧を求めた。三河の上宮寺（岡崎市）には籾が多くあったので借用を頼みこんで勝手に砦に運んだ。これを見た上宮寺の門徒が立ち上がり、菅沼の乱暴を怒り、農民千四百名ほどが集まって佐崎城（佐々木城ともいう）を攻めた。家康に抵抗したこの勢力があまりにも強かったので、家康は和議を申しこみ、かつ一向宗の改宗を求めたが、門徒らは応じなかった。そこで家康は、念仏の道場をことごとく焼いた。

以上に述べた一向一揆と、その発展した形とも考えられる石山本願寺での真宗門徒の武力行使とを、どう考えたらよいであろうか。

ある一揆の研究家は、僧兵が旧仏教を守るために新興の真宗を弾圧し、悪僧の大衆が民衆の浄土信仰を潰そうとして乱暴狼藉をはたらいたことが、一向一揆を導いたという。しかし、深く検討すると、歴史の中に組みこまれた民衆としての僧兵と、わが世を生きようとする心に燃えた民衆としての真宗門徒とは、反骨精神において同じものが見られる。強訴と一向一揆とは、いずれも為政者を揺すぶり、自分たちの要求を行動にからませて命がけで取り組んだ姿と見ることができる。

このように考えると、民衆史の立場から言えば、一向衆徒の民衆としての生き甲斐を感じさせる行動は、僧兵のエネルギーに続くものとして改めて高く評価したいのである。

僧兵の大名化

安土桃山時代になって、僧兵のなかから大小名が出た。大和の郡山二十万石の城主になった筒井陽舜坊順慶、そして、秀吉に随身して鳥取城主二十五万石になった宮部継潤《けいじゅん》らである。また、秀吉の備中高松城攻めのとき、毛利氏と秀吉との講和成立に貢献した安国寺恵瓊《えけい》がいる。

ところで筒井順慶だが、この男は、天正十年（一五八二）、本能寺の変の後、秀吉が明智光秀と戦った山崎の合戦において去就に迷い、洞《ほら》ヶ峠で昼寝をしていたという伝説の持ち主で、日和見主義者・裏切り者の代表とされている。

筒井氏の先祖は、嘉暦四年（一三二九）の史料に登場する。それによると、「春日社の神奴」の出身であった。のち興福寺の官符衆徒の棟梁となった。官符衆徒は、将軍家の被官となった衆徒で、興福寺の僧兵を代表する機関であった。衆徒のうちの二十名が、四年を一期とする任期で興福寺の警察権を執行した。足利将軍義満が官符衆徒のなかの最も有力な一人を棟梁としたから、筒井氏がいかに重要な存在だったかがわかる。以降、筒井氏は、衆徒を支配して、興福寺の実権をにぎり、大領主化して、大和の大名として待遇されたのである。

この筒井氏は、大和国を代表する最強の勢力であった。それが、南北朝の動乱期に擡頭して成長し、城主となり武将となって本格的に活躍するが、それは中世末期である。

南北朝の動乱のころ、筒井氏は足利幕府の重臣細川氏に従って活躍し、十市氏・越智氏・箸尾氏らとともに、大和武士の代表であった。越智氏が南朝方の味方をすると、それに対抗する筒井氏は興福寺の一乗院門跡の坊人となり、大和守護代として活躍した。また、筒井氏は成身院の家元（外護者）でもあったから、興福寺の諸坊・諸院へ子弟をたくさん送りこんだ。

高師直《こうのもろなお》が殺された観応二年（正平六年・一三五一）、南朝方の越智氏が一乗院門跡を占領したので、筒井氏が一時敗退したという。しかし、「東大寺文書」によると、正長元年（一四二八）秋の土一揆のときは、筒井氏が棟梁として悪党を撃破し、興福寺の衆徒を指導して集会を開き、七か条の徳政令を決議して幕府に強く要請して発布させたという。筒井氏の力量がうかがわれる。

また、永享元年（一四二九）七月から、大和国が南北に分かれて、各地で合戦を展開した（一五六ページ参照）。このとき、筒井氏は六方衆の一方の旗頭として奮戦した。勝敗をくりかえすうちに、筒井順永・順覚らが大名化していった。

筒井氏は興福寺に深くとり入っていたから、順永の兄の順弘が律師（僧職の階級の一つ）に補せられている。順弘の子の順昭は、天文十三年（一五四四）に簀川《すがわ》氏を攻めて勝ち、さらに大乗院方の古市氏を倒した。そして、小柳生《こやぎゅう》城（奈良市）・箸尾城（北葛城郡）を攻めて、名実ともに大和の雄となった。

永禄八年（一五六五）十二月、将軍足利義輝を殺した松永久秀と三好義継ら三人衆が大和へ入り、筒井氏を除こうとした。順昭の子の順慶は松永久秀の軍に攻められて筒井城を落とされたが、なかなか敗北しなかった。その翌々年の永禄十年（一五六七）には、久秀が三好三人衆の陣であった東大寺を襲撃し、大仏殿を焼き払った。久秀はその勢いで再度、筒井氏を攻めたが、失敗に終わった。

その後、筒井順慶は信長に降って久秀を討ち、やっと大和が平和になった。そして、筒井氏が大和郡山城主になるのである。このころになると僧兵はすっかり姿を消した。

ここで宮部継潤についても一言しておこう。継潤は近江国坂田郡の出身で、天文五年（一五三六）、叡山の西塔の行栄坊に入り、仏道修行し、僧となる。やがて、宮部（滋賀県坂田郡）に帰り、宮部城主となった。後、秀吉の誘いに応じて小谷城を攻め、功を立てる。さらに、秀吉に認められて九州攻めに加わって軍功を立て、天正十年（一五八二）には鳥取城主となった。

安国寺恵瓊は、東福寺の末寺、安芸（広島県）の安国寺の僧で、天正元年（一五七三）に足利義昭と織田信長との不和を調停したり、毛利氏の使僧として、また豊臣政権下の一大名ともなり、伊予（愛媛県）に六万石を与えられたりした。関ヶ原の戦で石田三成方に参加、敗れて首を斬られた。

天文法華の乱

天文五年（一五三六）七月二十七日、延暦寺の大衆が六角定頼らと京都の日蓮宗徒を襲った事件があった。

『天文法乱問答記』によると、叡山の西塔の北尾谷《きたお》にいた花王房が、京都の一条の烏丸《からすま》にあった観音堂で、天文五年三月三日から説法をしていた。その十一日目に、上総国（千葉県）の藻原（茂原市）の日蓮宗光妙寺の檀徒で松本新左衛門久吉という信者が、密教のことについて尋ねた。ところが、花王房が返事に困って説法を中止した。これを聞いた叡山の大衆が立腹して花王房を追放し、ただちに日蓮宗を攻撃した。『天文法乱問答記』は日蓮宗徒が書いたものだから、叡山を悪く書いているので、内容を全面的に信用するのは危険である。

興福寺の一乗院会所目代の『二条寺主家記』によれば、「二月のころ、京都において、叡山の花王房が阿弥陀経の講義をした。そのとき日蓮宗の松本という者が談義の座へ臨んで、不審を立てた。それは、花王房が法華宗は非道だと言ったから、松本が抗議したのである。花王房は、問いただされても答えられず、すこぶる恥をかいた。叡山がこれを聞き、怒った大衆が花王房を山から追放した」とある。また、本願寺の『天文日記』によると、二月二十二日のくだりに、「日蓮宗雑説につき云々」とある。これらのことから、宗論のあったのは二月初旬であったと思われる。

これが直接の原因で、天文法華の乱が起きたのであるが、もともと、天台宗と法華宗とは対立していた。たとえば「法華宗」は「天台法華宗」の盗用だからけしからん、と天台宗が抗議したこともあった。また、日蓮宗徒が一向一揆を抑えて京都で力を伸ばし、六条本圀寺《ほくこく》を中心に町政を動かすほどになっていたので、将軍と細川氏らが、延暦寺などに呼びかけて法華衆を切り崩そうとした動きのあったことも、原因であった。

六月一日に、叡山では三塔の大集会を開き、まず、幕府へ訴えることにした。そして、延暦寺の大衆は、日蓮宗徒追討のため、東寺・園城寺・祇園感神院・興福寺・大坂本願寺などへ協力を頼んだ。争乱を中止させようとして、六角定頼・木沢長政らの武将が仲に入って調停しようと出てきたが、それは失敗に終わった。

七月二十日には、近江の守護の六角定頼が、仲裁の失敗の埋め合わせに、京都の日蓮宗徒の集結を伝える相国寺（塔頭鹿苑院）に書状を送って、一戦を交えたい、と申し込んだ。

七月二十二日には、日蓮宗側から戦いをしかけてきた。なかでも立本寺や妙顕寺などの奮戦が目覚ましかったようである。叡山では、夜のあいだは篝火《かがりび》を焚き、朝になって山を下りて日蓮宗の陣を攻めた。各寺で小合戦が行われた。このとき、近江の諸大寺の大衆や、天台宗の観音寺（草津市）の不断衆（僧兵集団）なども、この争乱に参加した。

叡山は、六万人とも、十万人ともいわれる大軍（文学的誇張で、もっと少ない兵力が実数だったと思われる）をもって、京都にある日蓮宗の二十一か寺（寺名に諸説あるが）を襲った。これに対し、日蓮宗側は三万人で対抗した。京の日蓮宗の二十一か寺というのは、つぎの通りである。

妙顕寺　妙覚寺　立本寺　本能寺　妙蓮寺　本隆寺　本圀寺　本満寺　本禅寺　妙満寺　妙泉寺
妙伝寺　本法寺　頂妙寺　弘経寺　大妙寺　宝国寺　学養寺　妙慶寺　上行寺　住本寺

この争乱は、たしかな記録がないのでよくわからないが、『日蓮宗史要』には、右と同じように二十一か寺を記している。

相国寺の東門には叡山の大衆が三十人ほどいたが、囲まれたので火を放って逃げたところ、討ち死にする者もでた。突如、六角氏の家臣の三雲資胤や蒲生定秀らが四条口から乱入して、下京に火を放った。

『天文日記』によると、日蓮宗徒が三千人ほど討ち死にしたとある。このため、洛中・洛外の日蓮宗寺院はほとんど全滅し、その残党は堺へ逃げた。乱後、幕府は日蓮宗寺院の再興を禁止した。したがって、天文十一年（一五四二）になるまで、日蓮宗寺院は再興されなかった。

そこで、日蓮宗は天文十六年（一五四七）二月に、五か条からなる条件をもって、叡山へ和議を持ちこんだ。

一、紫の袈裟《けさ》、白袈裟、素絹《そけん》、並びに朱の指傘、塗足駄など、叡山の高僧と同じものの着用を停止する。

一、地下人などが、法事と称し、あるいは勅会（朝廷の費用で行う法会）の装束を着用し、甲袈裟、並びに輿に乗って洛中を徘徊しないこと。ただし茶毘《だび》の時は、白袈裟を用いてもよい。

一、高家（日蓮宗の役付の僧）の十五人は、法事のとき白袈裟・素絹などを用いない。

一、僧俗ともに、諸宗を誹謗することは、争論の基になるから絶対につつしむ。

一、日吉の御祭礼のために、費用千貫文を進納する。
右の条々で、一つでも相違すれば、御成敗してほしい。だから、諸寺連署して、かくのごとくである。

天文十六年丁未《ひのとひつじ》二月日

十五か寺　連署

山門三院
執行代御房

この和議の文は、だれが草稿したものかわからないが、叡山の希望をすべて書きこんだものである。この申し入れを叡山は受け入れて和議が成立した。

天文法華の乱は、たいへんな騒動になり、京都の日蓮宗の諸寺が焼けてしまった。叡山の大衆としては、僧兵勢力の残り火をかきたてた事件であった。

しかし、滅んだはずの日蓮宗は、京都の町衆や下級武士の帰依によって再び頭をもたげ、宗論によって生きる道を求め、新しい時代の仏教として育った。

だいぶ後のことになるが、戦国の動乱を鎮めて天下を統一した織田信長は、天正四年（一五七六）に安土城を築いた。天正七年、城下の浄厳院で、浄土宗と日蓮宗とに宗論を行わせた。このことは、歴史上有名なことで、「安土問答」という文書に記録されている。結果は日蓮宗が負けた。そして、日蓮宗は、浄土宗に対し、論争を仕掛けないという詫び証文を出した。信長は日蓮宗の熱狂的な民衆を動員する性格をきらって、はじめから浄土宗が勝つように仕組んだ政策上の宗論であった。

天文法華の乱といい、安土宗論にしても、日蓮宗にとって、きびしい弾圧であった。しかし、これらの事件によって、法華信仰に熱中した日蓮宗徒らは犠牲を重ね、日蓮宗はたくましく成長したのである。

こうした歴史を見てくると、天文法華の乱ではまだ僧兵の活躍がいちじるしいけれど、安土宗論の時代になると、僧兵の姿はまったく消えてしまったことがわかる。叡山の僧兵の最後の活動となった天文法華の乱は、日蓮宗にとっては激しい法難であったが、叡山の僧兵勢力が地方的なものとなり、新興の武士勢力の全国的な力に抗しきれず、衰退の道を辿らねばならなくなった契機でもあった。

4　根来衆の壊滅

信長と叡山

僧兵の歴史の最後を述べる前に、戦国時代を統一して安土城に天下人として君臨した織田信長と叡山の僧兵とについて、どうしても触れておかねばならない。

永禄十一年（一五六八）、信長は全国を統一すべく京へ入った。やがて信長はほぼ畿内を平定するのだが、その統一の事業をいつも阻止したのが仏教であった。

とくに、叡山の大衆はいつも信長に抵抗した。そこで、信長は、まず家臣の森可成《よしなり》に命じて、近江国と美濃国にあった延暦寺領を没収した。これが原因となり、叡山は反織田同盟の朝倉・浅井と組んで抵抗した。

叡山は、ただちに室町幕府へ訴えて信長を非難し、没収された延暦寺領の返却を求めたが、すでに幕府は弱く、実権をにぎる信長は返さなかった。加えるに、延暦寺に対し、足利義昭につかずに信長の味方をしないか、と誘ってきた。条件として、朝倉・浅井と手を切れば山門領を返す、とも言った。しかるに、美濃にあった山門領は朝倉氏が延暦寺に寄進したものだったので朝倉氏への義理もあり、延暦寺は、実績の浅い信長への不安から、従えなかった。

そのころ、近江の浅井長政と近江守護の六角承禎とが、朝倉と結んで、信長の天下統一を阻止しようとしていた。元亀元年（一五七〇）、信長は、まず六角氏を野洲で討ち、ついで浅井長政を姉川で破って岐阜に帰った。

信長が湖北に関心を寄せている間に、阿波（徳島県）にいた三好氏が摂津（大阪府）へ進出した。信長は岐阜から大坂へ向かった。石山本願寺は三好氏の味方をして新興勢力である信長を敵とした。紀伊の根来衆も、雑賀《さいが》の一向一揆も、信長の敵になった。

信長が大坂へ向かったすきに、浅井・朝倉の連合軍がよみがえり、南近江（大津市）へ進出した。信長はあわてて京へ引き返し、浅井・朝倉の軍を攻めた。浅井・朝倉らは叡山へ逃げた。信長は大坂にいたとき三好氏を倒せなかったので、一時、浅井・朝倉と和議を決めた。

しかるに、元亀二年（一五七一）の九月十二日に、突如、信長は明智光秀に命じて、朝倉軍の隠れている叡山を攻撃した。光秀は「叡山は桓武天皇の勅願により、伝教大師が開いた鎮護国家の道場である。叡山の焼き討ちは思いとどまってほしい」といさめたが、信長は聞き入れなかった。

光秀は、十二日の朝「僧俗一人も許すべからず、叡山は一日にして焼きつくすべし」という信長の厳命のもとに、坂本の里坊や民家をも焼いた。

坂本の兵火の史料は『日吉社兵乱記』や『耶蘇会士日本年報』などに記録されている。織田の軍は日吉山王社に火をつけ、表坂から東塔へ向かった。

大講堂の鐘が鳴って、山門の大衆が集まった。江戸時代に書かれた『一中暦』によると、「天台山（比叡山のこと）三千人、今案ずるに東塔は千八百十三人、無動寺はこの中にあり、横川は四百七十人、飯室谷《いむろだに》はこの中にあり」とあるから、信長の時代にも三千人はいたのであろう。

東塔では、大講堂付近で激戦があり、根本中堂が焼けた。続いて戒壇院・東塔院・灌頂堂・浄土院が焼けた。法華堂・常行堂が焼け、釈迦堂に火が移ると、堂内から僧の悲鳴が聞こえたという。釈迦堂の裏の山中に現存する火をあびた弥勒《みろく》石仏は、元亀の兵火を偲ばせる。西塔への攻撃はやや弱かった。横川へは木下藤吉郎が攻めた。横川中堂を焼き、四季講堂・恵心院・根本如法塔が焼けた。安楽律院を攻めた藤吉郎は、住職から「阿弥陀聖来迎図」（現在、高野山蔵）を救ってほしいと頼まれ、横川の霊山院にあった「十界図」（大津市聖衆来迎寺蔵）とともに救出されている。「元三大師絵像」も、こうして救われ、現在は東京の寛永寺に伝えられた。いずれも国宝である。藤吉郎は信長の命に従わず「婦女子に罪科なし」と言って、高僧と婦女子を逃がしている。

『信長公記』によると、「九月十二日、山下の男女老若、右往左往に廃忘致し、取る物取り敢へず、悉く、かちはだしにて、八王子山へ逃げ上り、社内に逃げかくる」とある。慧光院玄秀が八王子山に逃げた僧俗の命乞いをしたが、すべて殺され、二社（牛尾宮・三宮）の社殿も焼かれた、と記してある。

山科言継《ときつぐ》の日記『言継卿記』には「十三日壬申《みずのえさる》天晴、織田弾正忠叡山横川、ワラギ、ミナ上、東塔の辺の焼残りなど放火、信長は小姓馬廻ばかりにて巳刻《みのこく》上洛。（略）十五日甲戌《きのえいぬ》天晴、山上残坊を今日放火し終る」とある。

このように、ほとんどの記録が、叡山の堂塔をすべて焼き、三千人の大衆をことごとく殺した、としている。

この叡山焼き討ちに対して、新井白石は『読史余論』のなかで「其事は残忍也と雖、永く叡僧の凶悪を除けり。是天下の功有る事の一つなるべし」と評した。一方、藤吉郎が秘宝を焼かずに高僧を逃がしたのは、後に天下を取る心づもりがあったからだ、という議論もある。しかし、よく考えると、叡山の焼き討ちは信長の本心でなく、浅井・朝倉への怨みがあったから、と思われる。

東塔に残された千手観音像（重文・平安時代、貞観年間の作）・不動明王（重文・室町時代の作）をはじめ、西塔の文永二年（一二六五）の胎内銘のある慈恵大師坐像や、横川の聖観音立像（重文・平安時代の作）など、焼き討ち以前に叡山にあったものが伝えられているので、信長の叡山焼き討ちの実態は通説を訂正しなければならないだろう。

天正十年（一五八二）の尊朝法親王の『比叡山再興勧進帳』によれば、日吉社の社殿、根本中堂・釈迦堂・横川中堂などの移築・再興が、はやばやと進行したことが述べられている。このことは、元亀の兵火で生き残った高僧がかなり多くいたことを想像させる。

昭和四十年ごろから、滋賀県教育委員会文化財保護課によって、発掘調査が行われた。その報告によると、元亀の兵火で焼けていたらもっと多くの焼け跡が発見されるはずだが、意外に少ないということである。

先述のように、叡山の宝物がかなり多く現存することや、延暦寺の復興が早かったこと、発掘による証拠が少ないことなどの理由で、叡山焼き討ちは『信長公記』などに書かれたほど激しくなかったようである。それにしても、元亀の叡山焼き討ちは史実であるから、叡山の僧兵たちが最後の抵抗をしたことはたしかである。しかし、日置昌一氏が『日本僧兵研究』で述べたように、「伝教大師以来の日記・什宝一切を烏有に帰せしめたことは、わが国文化史上の永久の損失」という発言は、再度研究を要すると思われる。

石山合戦

ところで、信長と僧兵との関係を見ていく場合、信長の叡山焼き討ちと並んで、どうしても一向一揆の殲滅《せんめつ》作戦に触れなければならない。とくに、摂津の石山本願寺を中心とする一向門徒に対する行動は、注目したいところである。

蓮如によって大坂に創建された石山御坊が戦国の法城として石山本願寺城といわれるまでに発展すると、本願寺第九代法主の実如あたりのときから、摂津・河内・和泉の各地で畠山氏や細川氏の内紛にまきこまれていった。

享禄五年（一五三二）、第十代法主証如は、細川晴元の要請に応えて、畠山義宣《よしのぶ》に包囲された飯盛山城（大阪府北河内郡四条畷町）の木沢長政を助けた。このとき集まった門徒は三万人といわれる。そして、高尾城（羽曳野市古屋敷）へ逃げた義宣を倒すと、晴元と争っていた三好元長《もとなが》を攻めた。ところが、連合して元長を倒した細川方と門徒衆とは、まもなく対立した。昨日の友は今日の敵である。京都の公卿鷲尾《わしお》隆康の日記『二水記《にすいき》』には「晴元を助けて三好を討った門徒が晴元と戦うのは天魔の行い」と非難し、「天下は一向一揆のものとなる勢い」だと評した。

戦いをくりかえすたびに、本願寺の勢力は増強した。証如の日記である『天文日記』を見ると、石山本願寺城や寺内町のことがくわしく記録されており、それはまさに戦国の法城というにふさわしいものであった。

元亀元年（一五七〇）、信長は本願寺に石山から退去せよと無理を承知で要求した。これを拒否した本願寺が門徒を集めたため、「石山合戦」の幕が切って落とされ、十一年間もの長い戦いが続いたのである。信長は本願寺がなかなか落城しないのは背後勢力があるからと考えて、その背後にいた根来衆・雑賀衆を天正五年（一五七七）に襲撃した。

かくて天正八年（一五八〇）に至り、ついに本願寺の命運は尽き、石山は開城された。戦いをやめた門徒らは戦火に荒れた大坂の復興をはじめたが、天正十年（一五八二）六月三日、織田信長は明智光秀によって、京都の本能寺で殺された。

根来寺攻め

僧兵の起源から語りはじめて、僧兵の発展時代、さらに全盛時代を、それぞれ代表的な事件を中心に見てきた。いよいよ衰退の最後を述べる段階となり、根来寺の壊滅をとりあげる。

根来寺の僧兵についてはすでに述べたが、天正十三年、秀吉の根来寺攻めで同寺の僧兵が完全に滅亡し、どうしたわけか、これをもって日本の僧兵の歴史も終わってしまったのである。

秀吉と家康とが尾張の小牧・長久手で戦ったのは、天正十二年（一五八四）であった。この戦いは、家康が信長の第三子織田信雄《のぶかつ》をそそのかして起こったものである。このとき、信雄は四国の長曽我部元親や北陸の佐々成政に援助を頼んだ。ところが、秀吉は戦いの不利を知って信雄と和議を結んだ。

それより以前、家康は、家臣の井上正就を使者として、根来衆や、雑賀一揆（一向一揆）に参加した人々を誘い、大坂城を攻めさせようと計画した。すでに根来衆は、永禄九年には三好三人衆と争って実力を発揮していたし、雑賀衆もまた、天正五年には信長の紀州攻めに激しく抵抗し、石山本願寺と組んで、容易に屈服しなかった。かかる根来衆と雑賀衆とは地縁的に利害を共にしたので連合した。その力量を見こんだ家康が、味方に誘ったのである。ちょうど秀吉が不在で、かつ工事中の大坂城を、根来衆・雑賀衆に攻めさせようとしたのである。

このとき小牧にいた秀吉は、和泉の岸和田城番の中村一氏《かずうじ》に命じ、根来・雑賀軍が大坂城を襲うのを阻止させた。根来・雑賀軍は秀吉軍とぶつかって、しばしば合戦した。秀吉は、信雄と和解すると大坂へ帰り、家康方に味方したことを理由に、根来と雑賀を徹底的に討伐しようと計画した。

天正十三年（一五八五）三月二十一日であった。秀吉はみずから大将となり、弟の秀長、甥の秀次を副将として、根来衆の出城である千石堀城（貝塚市清見）に向かった。一方、細川忠興・蒲生氏郷・中川秀政・高山右近・筒井順慶・堀秀政らの諸将の下に、約十万の将兵が従い、大坂を出発して岸和田城に入り、さらに、根来街道を根来寺へと向かった。これを迎え撃つ根来衆は、積善寺城（貝塚市橋本）で阻止しようとして、激しく戦った。そのすきに、秀吉軍の別動隊は根来寺へ直行した。

千石堀城の根来衆は数千人といい、沢城（貝塚市沢）にいた雑賀衆は六千人という。また、畠中城（貝塚市畠中）には、根来寺の徳蔵院の衆徒や雑賀衆が約三千五百人も、たてこもっていた。さらに、高井城（貝塚市清見）にも二百人ほどが集まっていた。この高井城には、百挺の鉄砲が用意してあった。

鉄砲が初めて日本で知られたのは、文永十一年（一二七四）であった。元軍が筑前（福岡県）に来襲したときであった。その後、天文十二年（一五四三）の八月二十五日に、種子島にポルトガル船が漂着し、その船員が鉄砲を伝えた。島主の種子島時尭《たねがしまときたか》は、ポルトガル人から買った鉄砲を家臣に渡し、使用法と製法とを習得させた。いわゆる種子島銃である。この銃はたいへん優れていたので、たちまち全国に伝わり、各地で生産された。

種子島への鉄砲伝来の事情を書いた南浦文之の『鉄炮記』によれば、「その発するや電光《いなずま》のごとく、その音たるや雷のごとく、聞くもの耳を掩はざるなし」とあり、「一発根山をくじくべし、鉄壁穿つべし」ともある。さらに、その効用は如何なる姦悪の敵が国を犯しても、立ちどころに魂を奪い、鹿猪の田畑を荒らしても之を留める、と書き、その威力に驚いている。

根来衆は、杉之坊の津田監物《けんもつ》によって鉄砲鍛冶と射撃術とをとり入れたので、早くから周囲の武将たちから恐れられる集団であった。

ところで鉄砲といえば、近江の国友鉄砲鍛冶のことがすぐ頭に浮かんでくる。江戸時代に書かれた『国友鉄炮記』によれば、天文十三年（一五四四）二月に将軍足利義晴の命で初めて火縄銃六匁玉筒二挺を製作したという。下って天文十八年（一五四九）、信長が国友衆へ六匁玉鉄砲五百挺を発注したので、国友鉄砲鍛冶が発展した。さらに、秀吉も国友鍛冶を保護し、他大名からの注文をいっさい禁止した。

天正十三年には、根来衆は百五十人の鉄砲隊を持っていたという。

このように鉄砲をどこよりも早く導入していた根来衆だったので、秀吉軍は苦戦であった。しかし、秀吉軍は岸和田へ入ると、本陣を阿間河谷《あまがだに》（岸和田市阿間河滝町）とその近くの鑓《やり》ヶ谷（貝塚市と岸和田市との境）に進め、秀次や筒井順慶らに夜明けを期して千石堀城を攻めさせた。秀吉軍の放った火矢が、城内の火薬箱に引火し、爆発した。根来衆は城を棄てた。

積善寺城は根来衆の本城であった。細川藤孝と蒲生氏郷が攻撃した。秀吉も本陣を丸山へ進めた。城兵の近木源左衛門の放った鉄砲は、秀吉の馬印を射た。一時、秀吉は退却を余儀なくさせられた。

そこで、貝塚の御坊（後の願泉寺）の寺内町の領主卜半斎了珍が和解の使者に立った。了珍は、石山合戦の折、信長・秀吉と懇意であったし、根来や雑賀とも長いあいだ親しくしてきたので、仲裁役をかってでたのである。こうして、積善寺城も沢城も開城となった。ところが、この和平交渉がなされているそのすきに、秀吉の別動隊は不意に根来寺を攻めた。油断していた根来衆はわけなく逃亡してしまった。秀吉は、大伝法堂を残して、根来寺の伽藍・僧坊を焼くこと三日、さらに、粉河《こかわ》寺まで攻めて焼いたと伝えられる。『玄宥僧正伝』には「根嶺之廃也」とあって、根来衆滅亡の様子が語られている。

戦国大名にも似た根来寺は、あっけなく壊滅した。秀吉の作戦が成功したのである。

根来寺を壊滅させた秀吉は、ただちに雑賀衆を攻めた。根来衆と雑賀衆とは、すでに述べたように、ともに信長に抵抗する勢力として紀州の地域において運命共同体として結びついていたので、秀吉としては天下統一のために、この際、最後の一向一揆である雑賀衆も平定しなければならなかった。雑賀衆は雑賀地方の武士団つまり土豪・国人衆で、岩屋城・堀内城（以上、和歌山市らしいが不詳）・神保城（和歌山県有田郡金屋町）などにたてこもっていたが、すべて落城した。とくに太田城（和歌山市・旧名草郡太田村）には六千人余りもたてこもっていたが、秀吉の紀ノ川をせきとめての水攻めで、わけなく落ちた。太田城落城後の状況は、降伏した人たちにとって悲惨をきわめたものとなった。

中村一氏は、高野山へも使者を送って降伏をすすめた。一山の衆徒が集まって会議を開いたが、だれも使者をつとめようとも、抵抗しようとも、言わなかった。このとき、高野で修業中の木食応其《もくじきおうご》が一山を守ることを秀吉に訴えようと言ったので、衆徒は一任した。応其は嵯峨天皇の宸翰《しんかん》と弘法大師の文書を持って秀吉のもとに行き、一山の保護を頼んだ。秀吉は、高野山に六か条の制目を下した。彼はそのなかで、僧侶は学問修行に専心すべきで、武器を持って戦うな、と戒めた。

秀吉は、さらに紀州南部へ軍を進めた。中村一氏を大将とし、那智の海から熊野を攻めた。根来衆と直接組んだ敵ではなかったが、本宮・新宮の神官や農民らがわずかに抵抗しただけで、すぐ敗れた。

秀吉は、根来・雑賀を平定して後、民衆の心をつかむために、本願寺に大坂の地を与えた。また、高野山を優遇した。これは、応其の交渉が巧みであったからだけでなく、一向門徒を抑えるために、平安仏教である真言宗を味方にしたのであった。しかし、この時から、高野山の僧兵も姿を消している。下って徳川幕府になってから、高野山に全国の諸大名を帰依させ、多くの藩主の墓が建てられていくのである。

このほか、大和の多武峰も弓・鉄砲のたぐいを供出して、僧兵活動を停止した。こうして、根来をはじめ、熊野も、高野も、そして大和一円はいうまでもなく、南都北嶺の僧兵たちまで、ぴたりと活動をやめてしまった。

それにしても、秀吉が自分に反抗した根来・雑賀の衆に対して強硬な態度をとったのは、積もる怨みを晴らした感じである。秀吉が小早川隆景に送った文書のつぎの一節は、たいへん印象的で、僧兵の終焉の姿を示したものというべきであろう。

雑賀・根来より、泉州岸和田に城を構へ、相防ぐところ、則ち小山・田中の両城を押して、中《さる》の刻（午後四時ごろ）に責め崩し、一人も残らず、根来・雑賀の奴ばら、依つて首を刎《は》ね候

鉄砲をもってその強さを誇った根来衆は鉄砲を持った秀吉軍にもろくも敗れ去り、僧兵の歴史は終わった。

ここに至って僧兵が潰滅すると、中世が終わったと言わねばならない。やがて、秀吉が天下を統一

し、太閤検地を行い、刀狩りを実施して兵農を分離し、農民の武装を解除して一揆防止の政策をとった。次いで、江戸幕府は寺社奉行をおいて、かつて僧兵を抱えた寺社の勢力を完全に封じ込めたのである。

VI　新僧兵論

1　僧兵の意義

僧兵の存在は、日本史の展開において、どのような意義を持つのだろうか。それには、なぜ僧兵が成立したかという考察からはじめなくてはならない。

すでに見てきたように、奈良の大寺院の「雑人」や「神人」たちは、寺社の雑務のほかに、財宝を守るために、武器をたくわえて武術をみがき、盗賊の襲来に備えた。

寺社の荘園が拡大するに伴って、寺田・社田を耕作する荘民もふえ、その荘民を統率する荘官も設置されて集団の組織ができると、荘園の生産も向上した。荘園の産物の増加によって、寺社の必要分が残され、余分が市庭《いちば》で売られるようになった。さらに、商人の活動によって貨幣経済が進むと、寺社の財政が豊かとなり、未開の山林や原野も開墾され、寺田・社田が急速に多くなった。そして、なかには諸大寺間で、寺田の争奪さえ起こった。武装した雑人や神人が増加した。

経済的に豊かになった寺院からは、修業を積んだ高僧が続出し、朝廷へ出入りして活躍を始めた。

政治社会での発言力が強くなると、非常時になった場合のために背後に僧兵の勢力を必要とした。とくに、奈良の興福寺などは藤原氏の氏寺だったから、摂関政治を維持するためにも藤原氏の荘園と興福寺の荘園とを一つにして大きな経済力が生じ、公私一体となって大和国を支配するに至った。さらに、藤原氏が全国を支配しようと考えたから、興福寺の僧兵はますます発展したのである。いうまでもなく、官寺の東大寺よりもはるかに強力な僧兵集団を持ったのである。

つまり、興福寺の僧兵は、寺の財宝を守り、その維持発展に尽くしただけでなく、藤原氏の権門を維持するために成長したのであった。もし僧兵がいなかったら、藤原氏の発展もなかったかもしれないのである。

奈良の僧兵は、寺社を自衛するばかりでなく、内紛の処理を行い、普通の喧嘩《けんか》の仲裁さえした。ところで、平安時代から鎌倉時代にかけての寺院生活は、どんなだったろうか。まとめて略述すると、大寺院の場合は、堂塔・僧坊（僧たちの住居）・大衆院《だいしゆいん》（食事の用意や宿直などをする所）・政所《まんどころ》（寺の事務をとる所）・湯屋（入浴場）・倉（倉庫）などの建造物が建ち並んでいた。堂塔では法会の行事があり、僧坊では日課の読経のほか、修行が行われた。大衆院には厨《くりや》・炊屋《たきや》・油殿《ゆどの》・水屋・宿直屋《とのゐや》・厠《かわや》などがあり、僧たちは交代で日常の作業に従事した。また、政所では三綱などの役職者によって寺務が行われた。寺院の行事のうち、法会が最も重視された。密教寺院では、日課のほかに、貴族や国家のための祈禱や加持の修法があり、比叡山では経典の講義を中心とする論義法要が執行されたので、僧はそれらのための修行・修学をしなければならなかった。比叡山では、天台宗典のほかに、他宗の教理・医学・兵法・土木・算術まで学んだようである。

ところで、延暦寺を政治的に利用した一例に、多武峰寺の帰属問題がある。多武峰寺は、藤原氏の祖廟のある寺なので興福寺の末寺であるはずだが、藤原道長が嫡男でないのに権力の座を望んで太政大臣を志したため、多武峰寺を延暦寺の末寺とした。摂関政治の全盛時代に、頂点に立った道長の思考は、当時、最も有力であった延暦寺を味方にしようとしたのである。

藤原氏の氏寺だった興福寺や、桓武天皇の勅願寺である延暦寺が、京都の東山に、清水寺とか、祇園社などの出先機関を持ち、僧兵を配置して中央政府の動向をつかもうとしたのは、政治的な配慮と、寺院勢力の拡大とを願ったからであった。

白河上皇の院政が始まると、北面の武士が信任されて、武士勢力が急速に成長した。朝廷の内紛が源平の二大勢力と連なり、合戦がくりかえされるたびに、それぞれの武士の地位が高くなった。そして、比叡山の僧兵も、武士の活動に呼応して強くなった。それは、比叡山の高僧が政権にかかわりをもつようになり、戦いのあるたびに僧兵が駆り出されたからである。比叡山の高僧が、政府の要人と対等に接し、つねに朝廷の行事に参加したから、そのお返しなのか、延暦寺の法会には、天皇・上皇・法皇、そして多くの公卿が、参列したのである。つまり朝廷や貴族は、仏教の力を借りて、政治を行ってきたのである。なお、良源が制定した二十六箇条のなかに、むやみに政争の具に使われまいとして僧兵の活動を禁じた一項があることに注目したい。

中世の初頭は、急速に勢力を伸ばした武士が、政治に乗りだした時期であった。こうして、武家が成立すると、僧兵もまた勢力を伸ばした。荘園の経営や寺社の雑務を兼任していた僧のなかには独立して僧兵集団の管理や訓練の指導にあたる専任の僧も登場した。ことに、南北朝の動乱時代には、つねに戦乱に明け暮れる僧も現れた。このように考えると、武士と僧兵とは中世社会の双生児であった。

北嶺では、山門（延暦寺）と寺門（園城寺）とが、座主の継承問題や、新しい僧侶養成のための戒壇建立をめぐる争いに明け暮れ、中世になっても激しく争った。古代から中世にかけての山・寺両門の争いは、仏教内部の見ぐるしい闘争であったが、別の面から見ると、その争いによって、山門も寺門も、互に負けまいとして、教義を研究し、修行を重ねたので、すぐれた高僧が続出したこともたしかである。いずれ劣らぬ高僧が出たために座主職を得ようとする争いがくりかえされたことにもなるが、とにかく、園城寺が東大寺・興福寺・延暦寺とならぶ四大寺に発展したことは、僧兵闘争史の賜物として認めねばなるまい。

このように諸大寺が発展すると、僧兵の勢力も伸び、それを背景にする大寺院の高僧の発言が、その時代の政治・経済に少なからぬ影響を与えることになった。そして、日本文化を代表する中世仏教美術が花開くことにもなったのである。

比叡山だけでなく、南都においても、鎮護国家の祈禱をする道場としての寺を守るために、血脈を相承する派閥争いに命をかける一方で、政治権力者との関係を深めて、寺社の僧兵勢力は強大化していった。

僧兵が日本史の展開のうえで権門貴族と深い関係をもったことの意義は重大であるが、僧兵たちの行動をしらべると、なかなか知恵のあるのに驚くのである。

たとえば、東大寺と八幡社、興福寺と春日社、延暦寺と日吉社といった具合に、寺・社がうまく連携をとって、本地垂迹《ほんじすいじゃく》（本体は仏で、神は民衆を教化するための仮の姿だということ）とか、和光同塵《わこうどうじん》（仏・菩薩《ぼさつ》が衆生を救うため、けがれた俗世にいろいろな姿で現われること）の思考で僧兵の行動を決め、神木動座・神輿振りを行い、要求を必ず実現したことなど、注目しておきたい。また、古代から中世にかけての時代にあって、すでに、僧兵たちは「大衆僉議」という民主的な方法による深い思考の集約によって強訴を実行した点も、改めて意義を認めたいのである。

院政の中心になった白河・鳥羽・後白河の三上皇は、いずれも出家して法皇となり、造寺・造仏を行い、法会を盛んにいとなんで、諸大寺とのかかわりを深くした。院と幕府との争いが起こると僧兵に援助を求めた。また、南北朝の動乱においても、権力者がしばしば僧兵を頼みにした。そのたびに、僧兵たちは、王法と仏法とを守るために命がけではたらいた。中世は僧兵を必要とした時代であったと言わねばならない。

ところで、僧兵の争乱史で注目したいことがある。それは、南都の東大寺と興福寺との争いにしても、北嶺の延暦寺と園城寺の争いにしても、たいへん激しい争いをくりかえし、しばしば堂塔を焼失しながら、そのたびに再建され、かえって繁栄したことである。戦国の世の織田氏や豊臣氏のように、後継者に人を得ないことも原因だが、負けるとその家が再起不能の状態になるのと比較すれば、信仰の力は根強いものだと言うことができる。

中世も半ばになると、武士の力量が向上して武家による幕府政治が充実し、治安もだいぶよくなり、寺社の自衛のための僧兵の存在意義が失われるに至った。そして、禅宗や真宗などの新仏教の発展を妨害する程度のことで、僧兵の威力をわずかに示したにすぎない。

たとえば『遊行上人縁起絵』によると、一遍上人が北陸道の藤塚（石川県）で、「岩高く、瀬早き大河」があって「かち（徒歩）よりハこゆべうもあらぬ気色也」と困っていたときに、「平泉寺法師等偏執して、国中を追出すべしとて、数百人の勢を引率して、府中へ赴くよし」とあり、新仏教の聖である遊行上人を旧仏教の平泉寺の僧兵たちが妨害している。

さて、このように活動した僧兵たちは、どれだけいただろうか。時代によって差のあることだけれど、四大寺の最盛期の人数をしらべると、奈良の興福寺では二千人、東大寺では千人、比叡山の延暦寺では三千人、園城寺では千人とでているので、合計すると、七千人である。これに地方の諸大寺の僧兵動員数を加えると、二万人ぐらいが推定される。これは、当時の日本にとって大きな集団であった。

ここで、僧兵たちの心の裡を推察してみよう。中世の混乱期に生を享けた彼らは、鎮護国家の祈禱をする道場としての大寺院に身を寄せて、僧兵としてしか生きる道がなかった。これが、激しい僧兵活動を展開した原因でもあったのだ。南都北嶺の僧はほとんど地方出身者であった。なかには下級貴族の出身もあった。そして、ごくわずかの僧は学匠に出世したようである。

中世の僧を志した人々のことは、高僧伝にでてくる人物しかわからないが、法然は美作国（岡山県）久米《くめ》の押領使《おうりようし》（諸国の盗賊や叛徒を平定する役人）漆間《うるま》時国の子で、九歳のとき父が盗賊に遭って倒れたので、十五歳のとき比叡山に登った。日蓮は安房国（千葉県）小湊《こみなと》の貫名重忠《ぬきなしげただ》の子で、近くの天台宗清澄寺《せいちようじ》に入って僧となり、比叡山へ登った。また、西教寺中興の真盛上人は伊勢国（三重県）一志の山奥にいた地侍の子として生まれ、親の意志で川口（一志郡白山町）の光明寺で僧となり、比叡山へ登った。これらの僧は学問が成就して高僧となったが、ほとんど同じ程度の僧を志した者は道が開けずに、僧兵とならざるをえなかったのである。末法の世をはかなんで、『徒然草』の兼好法師や、『方丈記』の鴨長明のように、隠遁者の道を選んだ僧もいたけれど、一般の僧には僧兵の道しかなかった。

ところで、小和田哲男氏が『乱世の論理』（ＰＨＰ研究所・昭和五八年刊）で述べているように、鎌倉時代の五山の禅僧が中国の典籍に通じて兵法を体系化した点に注目したい。中世の禅僧が武術と深い関係にあったことを指摘しておきたいのである。一休宗純著『狂雲集《きようううんしゆう》』の中に「逆行の沙門《しやもん》三尺の剣、禅録を看《み》ずして軍書を読む」とあり、禅僧が兵法を身につけていたことが明らかである。また、兵法のセンター、足利学校の初代庠主《しょうしゅ》（校長）は、鎌倉円覚寺の僧快元《かいげん》である。駿河・遠江・三河の大名の今川義元の軍師は、太原崇孚《たいげんすうふ》（雪斎《せっさい》）で、禅寺で兵法を習得した人であった。

一般の僧は、平和なときには荘園の農耕に従い、一旦緩急のときは武器を取って馳せ参ずるのが仕事であった。そして、僧兵集団を指導する学僧によって神木動座とか神輿振りの示威行動が考案され、大衆討議という民主的な行動を通して、僧兵たちは知的な満足を得たうえで強訴に命をかけたのである。

このような僧兵の行動は、他の多くの民衆を自覚させたのである。だから、その心は一揆の心と似ており、下剋上の思想とも一脈通じている。感激をもって生きた人々の多い中世にあって、人一倍、嘆き悲しみつつ僧兵の道を選んだ彼らの行動は、まさに、民衆のエネルギーの発露であった。たしかに、僧兵が滅んだとき、中世は終わったのである。

総括的に言えば、律令政治から武家政治へ移る過渡期に生きた僧兵たちが、もう一つの中世史を形成し、仏法を護持し、中世の仏教文化の創造を促し、さらに、民衆を目覚めさせて近世を開いたと結論するとき、僧兵の日本史における意義はきわめて重要だったと言わねばならない。

2 滅ぶ僧兵

中世の僧兵がつねに争乱の渦中に飛びこんで、時に乱暴狼藉をはたらいたとしても、結果的には仏教の発展に貢献したと見たのであるが、信長の叡山焼き討ちや秀吉の根来寺攻めをもって、僧兵の活動はぴたりと姿を消した。

なぜ、近世になると僧兵は姿を消したのだろうか。言うまでもなく、武士勢力が増大して、信長や秀吉が天下を統一し、中央集権的な武家政治組織が整備されると、封建制が確立し、僧兵の武力を必要としなくなったからである。

全国的な統率力を持った織田・豊臣政権の力に対して、南都や北嶺の僧兵は地方的な勢力になり下がったので、もはや対抗できなくなった。信長の叡山焼き討ちや興福寺の寺領没収、秀吉の根来寺攻めを体験した僧兵たちは、仏法を守るためには、武士と対立する不利を自覚したようである。信長は、叡山を焼き討ちする前に、くりかえし叡山に対して帰順を勧めたけれど、叡山はその時はまだ僧兵の勢力を過信して服さなかった。そしてついに、信長の攻撃にもろくも崩れてしまったのである。また、根来寺も、秀吉の攻撃の前には鉄砲百挺の威力を信じて抵抗したが、秀吉の鉄砲を用いた戦略の前に、もろくも滅亡した。これは、僧兵たちの威力をもってしても、秀吉らの戦略がはるかに僧兵をしのいだために、僧兵は敗北したのである。

僧兵が滅んだもう一つの理由は、秀吉も家康も、権力者として、仏教の聖域としての比叡山をはじめ、諸大寺を外護する立場に立ったことである。とくに家康は、全国を統一して征夷大将軍となり、天下を支配するにあたり、天海《てんかい》や崇伝《すうでん》を起用し、諸大寺を利用しようと考えた。だから、江戸時代に至って、強力な特権を持つ寺社奉行により監督と保護が行われ、群盗の恐れがなくなって寺社は安泰となった。

比叡山は兵火で焼けたあとの復興に力を入れた。芦浦観音寺（滋賀県草津市）の詮舜や、家康の頭脳といわれた天海大僧正らが延暦寺の再建を計画し、徳川幕府にとり入ったので、家光の代に至って根本中堂が落慶した。このように、かつて北嶺の僧兵集団の指導者たる学僧は、新しい幕府の体制下にその勢力を包含され、独自で財産を守り、武力をもって権門を守る必要がなくなったと感じたため、僧兵を消滅させたのである。

滅亡した僧兵集団はどうなったであろうか。彼らのほとんどは、寺田・社田の耕作者に帰ったであろう。叡山の場合は、再び堂衆とか山徒になって、本来の姿である寺務の仕事にもどった。

しかし、根来寺に属していた僧俗の根来衆の一部は、後に徳川幕府の鉄炮組のなかの根来組となり、また、紀州徳川藩の鉄炮組として存続したのであるが、大部分の根来衆や雑賀衆は、秀吉に徹底的に憎まれ、農民以下の身分に追われた。

叡山焼き討ちのときに多くの僧が殺され、根来寺攻めでも数多くの僧が死んだ。殺された僧兵たちのエネルギーと、加賀一向一揆の人々のそれとをくらべると、共通するところが多い。両者のあいだには直接の関係はないけれど、民衆史の立場からは、古代中世の僧兵の心の流れが、一向一揆を媒体として、近世の目覚めた庶民、たとえば近江商人などへと伝えられたかと思われる。だから僧兵という形態は滅亡したが、身分が低くても、歴史を動かす原動力として生き甲斐を持った僧兵たちの心は、近世へと流れたのである。

3 僧兵研究史

僧兵研究史の単行本として第一にあげられるものは、日置昌一著『日本僧兵研究』（平凡社・昭和九年）と、勝野隆信著『僧兵』（至文堂・昭和二〇年）がある。

前者は、平安時代に僧兵が誕生した伝説から書きだして、僧兵の起源、僧兵の性質、僧兵の横暴、僧兵と藤原氏、僧兵と平氏などの項目に分け、僧兵とは何かを述べたあとで、僧兵の発展した過程を多くの史料によって跡づけた。鎌倉時代の章では、幕府と僧兵、南北朝時代と僧兵、禅宗・真宗と僧兵などの項に分けて、闘争の歴史にかなりの紙数を費やしている。さらに室町時代の章では、北嶺の僧兵と南都の僧兵との活動例をあげて比較し、院政や幕府と、どのようなかかわりを持ったかについて述べ、僧兵が衰退期に及ぶと、強訴の意気が失われ、新興の一向宗や日蓮宗を弾圧する程度に終わったと指摘した。そして、安土桃山時代の章では、織田信長・豊臣秀吉が徹底的に僧兵の滅亡を断行したと論じた。最後には日本僧兵史年表をつけている。

勝野隆信氏の『僧兵』は、日本歴史新書の一冊で、出典をくわしく注記しながら概説している。初めに「僧兵とは」と定義づけ、僧兵の起源を考察し、興福寺・東大寺・延暦寺の諸大寺別に、それぞれを、事件史で僧兵の全貌を把握しようとした。そして、最後に僧兵年表をつけた。

右の二著を検討すると、日置氏は「中世日本の生み出した社会現象の一つ」としてとらえ、「信仰と武器とを兼ね備えるものとして、興味ある存在」と言った。そして、僧兵の闘争史が「当時の仏教の全活動」だったら、「仏教はすでに滅亡」したという。「僧兵の活動」は戦いのたびに仏教にとって大切な堂塔を焼いたから、「忌はしき現象」であったが、僧兵は「当然生るべくして生れた」もので、日本の古代・中世という時代が「寺院に僧兵を生みだした」という。「僧兵は困った存在だった」と結論しながら、「僧兵の勢力は悪僧の勢力ではあるが、同時に法の力・神仏の力」でもあったと分析して、僧兵をわずかに弁護している。

勝野氏の『僧兵』では、「その横暴をもって、時の帝王からは違勅の罪を問われ、武門からはまともに剣戟の洗礼を受け、貴顕からは指弾の的にされた」といい、「生れるべくして生れ、育つべくして育ち、しかし、滅ぶべくしてついに滅んだ僧兵の足跡を、今ここにたどる」という。そして、「古来僧兵の二つの王座を占める南都北嶺に興味を向けることを主眼とし、別に僧兵年表一編を添えて、ここにわが国僧兵の全貌を示し」た。いままでは、僧兵の行動について「或ははげしく罵《ののし》られ、或は是認され、或は賞讃された事さえあるが、著者はそのいずれにもくみしない」という態度で、できる限りの史料によって忠実に僧兵の行動を紹介することとし、「公正な答を読者から得たい」と言う。

そのほか、僧兵を論じたものを探すと、平田俊春著『平安時代の研究』（山一書房・昭和一八年）のなかに「僧兵論」があり、辻善之助著『日本仏教史上世論』（岩波書店・昭和一九年）にも「僧兵の原因」「悪僧神人の活動」の二節があり、乱暴をはたらいた面を特にくわしく論じている。いずれも、僧兵を悪党としてとらえ、とくに辻博士は現存する僧兵史料をすべてとりあげるといった態度で実態を紹介した。良源の僧兵創始説については、良源の二十六箇条をつぶさに検討して、創始説を否定している。山門と寺門との争いについては、円仁と円珍との門流の争いとし、学問上の論争をはじめ、座主の争奪がきっかけとなって戒壇問題に発展し、山門がしばしば寺門（園城寺）を焼いたとし、全体的に僧兵の抗争を悪としている。

興福寺の僧兵に関しては永島福太郎著『奈良文化の伝流』（中央公論社・昭和一九年）にくわしく、同氏著『奈良県の歴史』（山川出版社・昭和四六年）にも述べてある。その内容は、最近の研究成果を加えながら、「社寺王国」の奈良の中世において「僧兵と村」の因縁を重視し、それが、「僧兵の大小名化」をもたらしたと、史料によって明らかにした。そして、僧兵の存在が、寺社だけでなく、大和国の発展に重要なかかわりを持ったと述べている。

岩波講座『日本歴史4』（岩波書店・昭和三七年）には、竹内理三氏が「院政の成立」のなかで「寺院の勢力＝武者の登場」を述べ、「百姓のエネルギー」が「悪僧の強訴」という別の突破口を見つけたとし、それが「堂衆と寺領荘園の兵士」の合体で大きな勢力になったと見ている。これは、先に記した平田俊春氏の研究成果を受け継いだ主張である。

このほか、僧兵に関する論文を探すと非常に少ない。『比叡山史之研究』（延暦寺・昭和一二年）に寺田舜澄氏が「叡山の僧兵」を書き、雑誌『歴史地理』（大正一五年）に竹岡勝也氏が「平安朝の寺院と僧兵」を発表し、雑誌『日本歴史』（昭和四四年）に平岡定海氏が「僧兵ノート」をまとめ、雑誌『和歌山県史研究』（昭和五五年）に熱田公氏が「根来僧兵の源流」を発表した。熱田氏は、従来の僧兵史には高野山の史実が軽視されているが有力な僧兵の活動がある、と述べている。

さらに僧兵に関する啓蒙書をしらべると、中央公論社の『日本の歴史6　武士の登場』で竹内理三氏が「法皇と僧兵」について述べ、同じく『日本の歴史8　蒙古襲来』には黒田俊雄氏が「悪党横行」の項で僧兵を語っている。いずれも僧兵を悪党悪僧という視点に立って記されている。

ところで、景山春樹著『比叡山』（角川書店・昭和四一年）にも「僧兵強訴の歴史」の一節があり、「延暦寺の僧兵も山門道理というべき所業であった」として僧兵の悪行を多く述べている。ＮＨＫブックスの『比叡山』（昭和四五年）でも、景山氏は「天台教団の危機と政局の影響」のなかで、「山門・寺門両派の対立とその経過」を述べ、「円仁・円珍両門徒の派閥形成」が天台宗を二分して、僧兵の争乱となったと主張した。また、景山氏は『比叡山と高野山』（教育社・昭和五五年）のなかでも「衆徒《しゅと》と堂衆《どうしゅ》と山徒《さんと》」の一節を設け、「中世以前、一山に大事があればまず兵杖をたずさえて、衆徒や堂衆の指導下にあって働いた」とある。そして、山徒が僧兵の主力だと述べ、「寺領荘園の維持経営」が僧兵の発生と発達とをもたらした、と結んでいる。

最近、黒田俊雄著『寺社勢力』（岩波新書・昭和五五年）も、僧兵を論じている。黒田氏は『日本中世の国家と宗教』（岩波書店・昭和五〇年）で論じられた僧兵の諸問題を、岩波講座『日本歴史6　中世2』（昭和五〇年）でも「中世寺社勢力論」として述べ、その研究の成果を『寺社勢力』でわかりやすく解説した。同書では「南都・北嶺など中央の大寺社を中心に組織」された僧兵のいる寺院を、社会的・政治的な「勢力」と見て権門と対比し、平安から戦国の末までの約六百年にわたる「中世の一つの顔」としてとらえた。はじめに「寺院大衆の成立」を説き、「諸勢力との抗争」を語り、革新運動、寺院生活の諸相、地方寺社などの順に、史料を平易に引用して、寺社勢力の衰退までを書いている。たいへん新しい着眼をもって社会構成史的な立場から、僧兵に迫ったところが美事である。

以上の僧兵研究史を通覧すると、初期において、僧兵の活動が悪党悪僧としてとらえられ、辻善之助氏の『日本仏教史』では、強訴の記録の列記という感じがする。戦後、勝野氏が新しい観点から僧兵の行動を評価しようと努力したが、著者の結論はでなかった。そして、黒田氏の論稿は中世の社会と国家のしくみを寺社勢力の歴史を軸にして述べながら、社会史の立場から僧兵を評価した。

そこで筆者は、僧兵の存在を再検討し、歴史の上でどんなはたらきがあったかを見つめながら、僧兵たちの心に迫り、新しい僧兵の評価を導きだそうとして、僧兵に取り組んだのである。研究史を概観すると、研究書が少ないわりには多くの人が関心を寄せているので、さらに僧兵に研究の目を向けることの必要さを痛感する。

4 僧兵の評価

さきにも述べたように、従来の僧兵に対する評価は悪く、僧兵は些細なことに因縁をつけて何にでも難癖をつけ、自己の誤りがわかっていても屁理屈を正しいと主張して為政者に強訴し、怒り狂う猛獣のように所かまわず乱暴狼藉をする者、とされてきた。

『今昔物語集』巻十二には「無慚破戒ノ僧、法花寿量一品《ほつくえのじゆりよういつぽん》ヲ誦《じゆ》セル語《こと》　第三十七」で「形ハ僧也ト云ヘドモ、三宝ヲ信ゼズ、因果ヲ悟ラズシテ、フルマフサマ只俗ニ異ナラズ。常ニ手ニ弓箭ヲ持チ、コシニ刀剣ヲ帯シテ、諸ノ不善・悪行ヲ好ム」とある。また、『平家物語』には、僧兵のことが実に多くでてくるが、巻四の「大衆揃《だいしゆそろへ》」のごときは「大将軍には、源三位入道頼政、乗円坊阿闍梨《あじやり》慶秀、律成房阿闍梨日胤、帥《そつ》法印禅智、禅智が弟子義宝・禅永をはじめとして、都合其勢一千人、手々にたい松もつて如意が峯（滋賀県大津市園城寺の裏山）へぞむかひたる」とあり、この僧兵たちは「ちからのつよさ、うち物もては鬼にも神にも会はうといふ」と評している。

さらに『源平盛衰記』巻四の「大極殿焼失の事」のなかで、「比叡山より猿共（僧兵のこと）が松に火を付け持ち下りつつ京中を焼払ふとぞ人々夢には見たりける。神輿に矢立つ神人宮司射殺されたりければ、山王怒りを成し給ひ、かく亡ぼし給ひけるにこそ人恨み、神怒る必ず災害成るといへり。誠なる哉」とある。このように、叡山の僧兵は古典文学のなかで、いずれも悪僧として記された。

叡山の僧兵の行動は、上皇や貴族たちを困らせ、「天下三不如意」の一つといわれた。また、藤原氏の氏寺の興福寺の前身を山階寺と呼んだので、中世の人々は、興福寺の僧徒がいつも横暴な「非道」を「道理」と称したのにひっかけて、藤原氏に都合のよい、理不尽な勝手な行動を「山階道理」（『大鏡』巻五）と言った。これなども、僧兵を悪と見た評価であった。

それから、「石清水文書」には「神人の濫行を見ては、万人歯を切り、衆徒の威勢を聞いては、四海脣《しん》を反《かえ》す。近日神人浄侶とも訴を致すに、度々の制符に背いて、猥《みだ》りに神輿をかついで公家を驚かし奉る」とあり、僧徒の暴状を激しい言葉で痛烈に非難している。

たしかに、叡山の大衆が日吉山王社の神輿を奉じて京へ入ったとき、京の町の人々は恐れおののいた。これらの記述をそのまま受けとれば、ほとんどの歴史家が僧兵について述べるとき、慨嘆し醜悪視するのは、当然である。

しかし、京で乱暴をはたらいた叡山大衆は群盗ではなかった。いちおう大義名分があった。叡山では、事あるごとに大衆が西塔に集まった。集まると提案があり、「大衆僉議」が行われた。どの記録を見ても、叡山三塔の三千人が集まったという。この集会で決議されたことは、座主の命令より強い力があった。討議はつねに長時間かかった。納得がいくまで材料を検討して結論を出した。

『平家物語』巻四の「山門牒状」には「三井寺（園城寺）には貝鐘ならいて、大衆僉議す」とあり、「永僉議」のくだりでも「三井寺には又大衆おこつて僉議す」とあるように、その討議の内容が詳述してある。同じく『平家物語』巻七にも「木曽山門牒状」に、木曽義仲が天下を取ろうと京に攻め入ったとき叡山を味方にしようと「牒状」を出したところ、「山門の大衆此状を披見して、僉議まちまち也。或は源氏につかんといふ衆徒もあり。或は又平家に同心せんといふ大衆もあり。おもひおもひ異議まちまち也」とあって、長い討議の結果、「源氏は近年よりこのかた、度々のいくさに討勝て運命ひらけんとす。なんぞ当山ひとり宿運つきぬる平家に同心して、運命ひらく源氏をそむかんや」ということになり、「返牒」を出したとある。「僉議」の慎重にして衆議によることが明らかである。さらに『源平盛衰記』巻四の「豪雲僉議の事」や、巻十四の「三井寺僉議」の事例によっても、明らかである。

このことは、今東光が小説『武蔵坊弁慶』のなかでも、つぎのようにとりあげている。

比叡山三千の山法師の僉議というのは、時として勅定をも僉議したほどの大衆の討議のことだ。

彼等は真夜中に大講堂の広庭に集合し、僉議者の提案する議題を論議したもので、畏れ多いこともしばしばだったから、五条袈裟で頭と顔をつつんだ。それを裹頭《かとう》というのだ。僧兵等の絵姿に見る通り白い袈裟で裹頭頭巾にして、しかも声さえわからないように鼻をつまんで話し合ったものだ。三千の大衆の決議が天台座主の命令よりも重んじられたのは、三千の山法師の総意という意味からであった。

これは、叡山で修行中の弁慶が大衆の僉議の場に出会ったくだりである。

ところで、僉議の場で僧兵たちが出した結論を概観すると、たいへん大胆な言い方であるが、大別して、つぎの三つの論理にもとづいている。

一つは、南都の論理である。興福寺は藤原氏の寺であったから、つねに「山階道理」と称される藤原氏一辺倒の論理によって、すべての事を処したようである。東大寺は少し違う。すなわち、皇室を第一とし、すべて天皇家の安泰のためという論理によって、僧兵の行動が決められた。しかしこの南都の論理による僧兵の行動は、初期には濃厚だったが、室町期になると淡白になった。

つぎは、北嶺の論理である。比叡山は南都と同じように鎮護国家の祈禱道場であり、また桓武天皇の勅願寺であったから、天皇との結びつきを大切にはしたが、『平家物語』の巻四「南都牒状」のなかで「仏法の殊勝なる事は、王法をまぼらんがため、王法又長久なる事はすなはち仏法によるとあるように、王法と仏法のためと言いながら、どちらかというと、つねに仏法興隆に力を入れた。北嶺の論理は、地方大寺院の僧兵にも影響し、仏教を興隆することが政治をよくすることになるという論理であった。

第三には、中世の論理ともいうべきものである。これは、「大衆僉議」によって僧兵が目覚めてくると、民衆のエネルギーを感じさせる集団行動となって社会にぶつけられた。中世は古代よりも気温の寒い日が多く、綿入れの夜具がないと冬の夜は眠れなかったし、寛喜二年（一二三〇）などは旱魃《かんばつ》などで京畿を中心に全国的に大飢饉が発生して餓死する人も多く出た。上皇をはじめ貴族の生活も思うにまかせないことが多く、仏教に心を寄せ、堂塔を寄進し、多くの仏教文化財を創造して、心の安らぎを求めたが、民衆はことのほか生活に困った。農業技術が進んで二毛作を始めたけれど、打ち続く戦乱のために苦しい生活が続いた、そこで、僧兵を必要とする寺社に身を寄せ、指導者である高学僧の言葉を信じて、命を仏法の護持に捧げることで、幸福をつかもうとした。そして、同じ志の者が集団を形成し、「大衆僉議」の結果が実現することに生き甲斐を感じていたから、激しい争乱をくりかえすことができたのである。

近江国では、守護の佐々木氏が叡山に抵抗したところ、叡山から蒲生郡の保内郷《ほないごう》（現、滋賀県八日市市）へ得珍《とくちん》という僧が派遣され、延暦寺の荘園の農業開発を指導し、農民の知識を向上させた。そして、保内商人と称する中世の近江商人の活躍をもたらすきっかけをつくった。これは、滋賀県の文化財に指定された「今堀日吉神社文書」（雄山閣出版『今堀日吉神社文書集成』に所収、昭和五六年刊）にくわしく書いてある。この文書によると、南北朝から室町時代にかけて、惣《そう》とか惣村《そうむら》と称される自治組織ができた。惣や惣村が畿内で最も早い時代に存在したのは近江国の保内郷だが、戦乱期の掠奪や傷害から自衛するためであった。地位を高めた名主や農民たちが領主や地頭に抵抗できたのも、団結の力であった。下剋上にも通ずる思想であるが、これは僧兵が「大衆僉議」によって強訴した論理と一脈通ずるものがある。また、民衆の自主的な集団行動で難問題を解決しようとしたことが、能・狂言などにもよく現れている。これが中世の論理である、と思うのである。

以上、三種類の論理を述べたが、僧兵の時代を、前期（本書Ⅰ・Ⅱ）・中期（同Ⅲ・Ⅳ）・後期（同Ⅴ）に分けたとき、ごく概観的に言うならば、南都の論理、北嶺の論理、中世の論理が、それぞれの時代の僧兵の行動を象徴しているかに思われる。前期・中期にはまだ古代人の平安の心が残っているが、後期には完全に中世人の心と言ってもよいほど、特色がでている。

ところで、もう一つ。僧兵のイメージをくつがえすものに弁慶がいる。義経を守った弁慶に寄せる国民感情は、たしかに僧兵の評価を高めている。京都の五条の大橋のたもとにある「弁慶と牛若丸」の小さな石像に、現代人の弁慶に寄せる心が表現されている。

以上、述べてきたことを、最後に僧兵の評価として簡単にまとめると、初めは藤原氏や皇室のために奉仕し、のちに仏法の興隆のためにはたらき、さらに王法のためという国家意識が加わり、中世の末期に至ると、体制側にいたから、新興の一揆の勢力を弾圧する立場にあったけれど、僧兵の心は、民衆の生き甲斐を前面に出して活躍した石山本願寺の門徒の行為と似ており、一揆を経て、近世の民衆史にその心を伝えた、と言えるであろう。このように見てくると、もっと深く僧兵を研究し正しい評価を与えると、僧兵は民衆史の系譜のなかにりっぱに位置づけられるであろう。そうすれば、ものを言わず、その名さえもとどめなかった僧兵が、例外的な存在でなく、中世の民衆として歴史の表面に現れ、再評価される。

貧しさに耐え、寒さと飢えを忍び、人として生を受けながら、中世のゆえに暗く生きた僧兵たちの心にスポットをあて、僧兵の心を現代によみがえらせたいとも思う。

僧兵の指導者たる学僧から、命をかけて仏法を守ることが、国を守り人々を幸福にすることだと言い聞かされて、その真実を知るすべもなく、ただひたすらに生きた僧兵に、限りない親しみと哀れを覚える。

僧兵年表

年号	南都	北嶺	地方	一般
七六四（天平宝字八）			恵美押勝の乱で、近江の僧が官軍の味方をした（続日本紀）	七八八　延暦寺建つ 七九四　平安京遷都
八五〇ごろ	東大寺・興福寺・大安寺の雑色人・強力者六十人が明詮を襲う（日本高僧伝要文抄）			八一六　空海が高野山金剛峰寺を建立
八七四（貞観一六）			丹波国で濫僧四十余人が人を殺す（三代実録）	八九四　遣唐使廃止
九一四（延喜一四）	三善清行が意見封事十二箇条を上表し、諸寺の悪僧の行状を取り締まれと述べた			九〇一　菅原道真が大宰権帥となる 九〇二　荘園整理令
九三七（承平七）	南都の悪僧が維摩会に行く叡山の良源らを襲った（慈恵大僧正伝）			九三九　平将門の乱
九五九（天徳三）			検非違使が祇園感神院と清水寺との争いをとめた（日本紀略）	

九六八（安和元）	東大・興福の両寺が寺田のことで争う（日本紀略）			九六九　安和の変
九七〇（天禄元）		天台座主良源が二十六箇条を制定し、僧兵の悪行を禁ずる		
九八一（天元四）		慈覚大師の門徒が法性寺座主餘慶を改補せんとして入洛し、強訴した（天台座主記）		九八五　源信が『往生要集』を著す
九九三（正暦四）		慈覚（円仁）大師の門徒が智証（円珍）大師の門徒を追放し、これより山寺両門に分れ争う（扶桑略記）		
				一〇〇〇　清少納言『枕草子』を著す
一〇〇六（寛弘三）	興福寺の衆徒二千人が愁いを藤原道長邸に訴えた（日本紀略）			一〇〇七　紫式部が『源氏物語』を著す
一〇一九（寛仁三）			壱岐の僧常覚が賊を撃退した（小右記）	一〇一七　藤原道長が太政大臣となる
一〇二八（長元元）	金峰山の僧徒が大和守の苛法を訴えた（日本紀略）			
一〇三九（長暦三）		叡山の大衆三千人が関白頼通邸に強訴した（扶桑略記）		一〇四〇　荘園停止令
一〇四一（長久二）		朝廷が園城寺戒壇の建立について諸宗に賛否を問うた（扶桑略記）		一〇四五　寛徳の荘園禁止令
一〇四九（永承四）	興福寺の衆徒が大和守源頼親の邸を襲った			一〇五一　前九年の役始まる

	（扶桑略記）			一〇五三　宇治平等院が落成
一〇六六（治暦二）	興福寺の衆徒が神木を奉じて入洛した（古今最要抄）			一〇六九　記録荘園券契所を設置する
一〇七九（承暦三）		叡山の大衆が入洛して祇園別当のことを訴えた（百練抄）		
一〇八一（永保元）	興福寺の衆徒が多武峰を襲った（扶桑略記）	叡山の大衆が園城寺を襲った（扶桑略記）		
一〇八二（永保二）			熊野の僧徒が神輿を奉じて入洛した（扶桑略記）	一〇八三　後三年の役始まる 一〇八六　白河上皇院政開始 一〇九〇　白河上皇熊野行幸 一〇九二　源義家の構立した荘園を停止する
一〇九三（寛治七）	興福寺の衆徒が神木を奉じて入洛し、近江守高階為家の春日社神人を辱しめたことを訴えた（扶桑略記）			
一〇九四（嘉保元）			伯耆大山寺の僧徒が白河上皇の御所へ行き、天台座主を訴えた（中右記）	
一〇九五（嘉保二）		叡山の大衆が京へ入り、武士に殺された。このとき初めて神輿を山上へ移した（天台座主記）		
一一〇二（康和四）	東大寺の衆徒が八幡宮の神木を奉じて入洛し、朝			

	廷へ強訴した（中右記）			
一一〇四（長治元）		延暦寺の東塔と西塔との大衆が争って放火した（中右記）	紀州の悪僧が熊野の大衆と称して、国司を訴えた（中右記）	
一一〇五（長治二）		叡山の大衆および日吉と祇園の神人らが訴う（中右記）	延暦寺衆徒らの訴えにより、大宰権帥藤原季仲を周防に流す（中右記）	一一〇五　中尊寺建立
一一〇八（天仁元）	興福寺の僧徒が多武峰を焼く（中右記）	叡山の大衆が神輿を奉じて入洛したので、源平二氏の兵が防ぐ（中右記）		一一一一　『今昔物語集』ができる
一一一三（永久元）		叡山の大衆が清水寺を攻め興福寺の衆徒と争った（中右記）		
一一一四（永久二）		延暦寺山上で兵杖を帯することを禁ずる（中右記）	朝廷が検非違使に仁和寺の悪僧を捕えさせた（中右記）	
一一二一（保安二）		園城寺の僧徒が延暦寺の修学僧を殺したので、山寺両門の争いとなった（天台座主記）		一一三一　『大鏡』ができる
一一三四（長承三）			覚鑁が金剛峰寺および大伝法院座主となり、衆徒が反対してさわぐ（高野山文書）	一一三二　平忠盛が昇殿を許される
一一三七（保延三）	興福寺の衆徒が定海の僧正補任のことで神木を奉じて入洛す（百練抄）			
一一三九（保延五）	興福寺の衆徒が別当隆覚と争った（古今著聞集）			

一一四〇（保延六）		延暦寺の僧徒が園城寺を焼く（百練抄）	大山・香椎・筥崎の僧徒神人が大宰府を焼く（百練抄） 高野山の僧徒が覚鑁の房を焼く（高野春秋）	
一一四二（康治元）	朝廷が興福寺の悪僧十五人を奥州へ追放した（台記）	園城寺の僧徒が延暦寺の堂塔を焼く（百練抄）	一一四五（久安元）興福寺僧徒が金峰山を攻める（古今最要抄）	
一一四七（久安三）			醍醐寺の上堂衆と下堂衆とが争った（同寺古記録）	
一一五〇（久安六）	興福寺の衆徒数千人、春日の神人と神木を奉じて入洛した（本朝世紀）			一一五六　保元の乱 一一五九　平治の乱
一一六〇（永暦元）		叡山の大衆が神輿を奉じて入洛し、竈門社・安楽寺のことを訴えた（天台座主記）		
一一六三（長寛元）	興福寺から、園城寺の沙弥の受戒を叡山で行わず南都で受けよと奏上した（百練抄）		鞍馬寺と大雲寺との衆徒が争った（同寺文書）	一一六四　三十三間堂創建
一一六八（仁安三）			高野山大衆が根来寺の衆徒と争う（高野秋春）	一一六七　平清盛が太政大臣となる
一一七二（承安二）	平重盛の家人が春日神人を殺したので、興福寺の衆徒が怒って入洛した（玉葉）			
一一七三（承安三）	興福寺の衆徒が多武峰を襲った（園太暦）		吉野の大衆が興福寺に応じて叡山と争った（玉葉）	一一七五　源空が専修念仏を唱う

一一七七（治承元）		前天台座主明雲を配流の途中に奪還する（百練抄）		一一七七　鹿ケ谷の変
一一七八（治承二）		延暦寺の堂衆と学僧とが争う（玉葉）		
		園城寺で後白河法皇が灌頂を受けられると聞き、叡山の大衆が襲撃した（玉葉）	叡山の大衆が鞍馬寺の僧徒と組んで風早禅師を追放した（百練抄）	
一一八〇（治承四）	平重衡が奈良を攻めて東大寺・興福寺などを焼く（愚管抄）	園城寺が以仁王をかばう（玉葉）	熊野の衆徒が源氏に応じて立ちあがる（皇代暦）	一一八〇　頼朝挙兵
一一八一（養和元）			高野山の衆徒が源頼朝に応じた（玉葉）	一一八二　諸国に大飢饉が起こる
一一八三（寿永二）			多武峰・金峰山の僧徒が源氏に応じた（百練抄）	一一八五　平氏滅亡
一一九一（建久二）		叡山の大衆が近江の佐々木氏と争う（吾妻鏡）		一一九二　鎌倉幕府の成立
一二〇二（建仁二）			祇園社と清水寺とが争う（天台座主記）	
一二〇八（承元二）			金峰山衆徒が多武峰を襲う（明月記）	
一二一四（建保二）		叡山の大衆が園城寺を襲い、百二十九の堂塔を焼く（天台座主記）		一二一二　鴨長明が『方丈記』を著す
				一二二一　承久の乱
一二二五（嘉禄元）		園城寺の中・北両院と同南院とが争う（明月記）		一二二四　親鸞が『教行信証』を著す
一二二七	興福寺衆徒が多武峰を襲		熊野の衆徒が神木を奉じ	

（安貞元）	い、数百戸を焼く（明月記）		て入洛し、強訴した（吾妻鏡）
一二二八（安貞二）		延暦寺山徒が近江の興福寺領荘園を没収する（天台座主記）	六波羅が高野山衆徒の武装を禁ずる（高野山文書）
一二二九（寛喜元）	藤氏長者が奈良衆徒の兵杖を帯するのを禁ずる（明月記）		
一二三五（嘉禎元）	興福寺衆徒が石清水の神人と領地の水利のことで争った（百練抄）	叡山の大衆が佐々木高信の日吉社神人殺害を訴えた（天台座主記）	
一二三七（嘉禎三）		延暦寺の凶徒を朝廷が逮捕する（百練抄）	
一二三九（延応元）		叡山の大衆が四天王寺別当のことで神輿を中堂に移した（百練抄）	
一二四二（仁治三）			高野山の衆徒が伝法院を焼く（百練抄）
一二五八（正嘉二）		叡山の大衆が日吉社の神輿を奉じ、園城寺の戒壇勅許を阻止する（百練抄）	
一二六〇（文応元）		園城寺戒壇が勅許される（天台座主記）	
一二六三（弘長三）		延暦寺の横川と西塔との大衆が争う（天台座主記）	

一二三〇　飢饉が起こる
一二三一　京都で多く餓死す
一二三二　貞永式目の制定
一二三五　幕府が僧徒の兵杖を禁ずる（吾妻鏡）
一二五三　日蓮が法華宗を開く
一二五九　諸国に飢饉・疫病が起こる

一二六四（文永元）		延暦寺大衆が講堂などを焼く（天台座主記）	
一二八一（弘安四）	興福寺衆徒が春日社領のことで神木を奉じて入洛する（古今最要抄）		
一二八三（弘安六）		延暦寺衆徒が四天王寺別当のことで神輿を奉じて禁中に乱入する（園太暦）	
一二九二（正応五）	興福寺衆徒の訴えで藤原冬季ら五人が放氏となる（皇代暦）		一二八八（正応元）頼瑜が大伝法院を根来山に移す（高野山文書）
一三〇七（徳治二）	興福寺の衆徒が神木を宇治平等院に移して訴う（古今最要抄）		
一三〇九（延慶二）	東大寺八幡宮の神輿が入洛した（園太暦）	叡山の大衆が神輿を奉じて入洛し、益信の大師号の復号を止める（天台座主記）	
一三二五（正中二）	興福寺の衆徒が乱暴し、春日の神木を金堂に移す（大乗院日記目録）		
一三三五	興福寺の衆徒が楠木正成		

一二六五　幕府が延暦寺僧徒の武装を禁ずる
一二七四　文永の役
一二八一　弘安の役
一二八三　無住が『沙石集』を著す
一二九六　『天狗草紙』ができる
一二九七　幕府が初めて徳政令を出す
一二九九　『一遍上人絵伝』ができる
一三二四　正中の変
一三三一　元弘の変『徒

（建武二）	を訴えて神木を木津に移した（園太暦）			然草』成立か 一三三四　建武新政
一三三六（延元元）	延暦寺の大衆が興福寺の援助を乞うと、同寺の衆徒が応じた（太平記）			一三三六　南北朝の対立
一三三九（延元四）			高野山の衆徒が根来寺の衆徒と戦わんとしたので、畠山国清が中止させた（高野山文書）	一三三八　足利尊氏征夷大将軍となる
一三四〇（暦応三）		佐々木高氏らが妙法院を焼いたので、叡山の大衆が強訴した（太平記）		一三四一　天竜寺船を元に派遣する
一三四五（貞和元）		叡山の大衆が、天竜寺の造営供養に上皇が行幸されるのに反対し、東大寺・興福寺の協力で、疎石を処罰せよと訴えた（園太暦）		一三四八　楠木正行戦死
一三五七（正平一二）		佐々木氏頼が寺領を取り上げて日吉社の神人を殺したので、叡山の大衆が訴えた（園太暦）		一三五八　尊氏死す
一三六七（正平二二）	宮中の最勝会で、興福・東大両寺の衆徒が叡山の大衆と争い、死傷者が百余人でた（太平記）	園城寺の衆徒が南禅寺の関所を壊し、禅僧を殺したので、幕府が園城寺の三関を焼いた（太平記）		
一三六八（正平二三）		南禅寺で出した『続正法論』には各宗を悪く述べてあるので、叡山の大衆が神輿を奉じて入洛し、		

年	興福寺・東大寺など	延暦寺	その他の寺社	一般事項
一三七二（文中元）		強訴に及んだ（大乗院日記目録）	建長寺の僧徒が放火乱暴した（花営三代記）	一三九二　南北朝が合一する 一三九四　足利義満が太政大臣となる 一三九八『伯耆大山縁起』ができる
一四一八（応永二五）			熊野の衆徒が社領のことで守護畠山氏と戦った（満済准后日記）	
一四二四（応永三一）	興福・東大の両寺の衆徒が争う（看聞御記）		醍醐寺の衆徒が境界を争い、石山寺を襲った（看聞御記）	一四二一　飢饉・疫病の流行 一四二八　正長の土一揆
一四三三（永享五）		叡山の大衆が十二箇条の訴状を幕府に出し、神輿をかついで入洛した（看聞御記）		
一四四三（嘉吉三）		尊秀王が日野有光と比叡山へ登ったので、大衆が捕えて京へ送った（看聞御記）		一四四一　嘉吉の乱
一四六〇（寛正元）			根来寺の衆徒が守護畠山氏と戦った（大乗院寺社雑事記）	
一四六五（寛正六）		叡山の大衆が真宗大谷派の僧と戦った		一四六七　応仁の乱 一四七四　加賀一向一揆

一四八二（文明一四）		六角氏が寺領を差し押さえたので、叡山の大衆が訴えた（大乗院寺社雑事記）		一四八五　山城国一揆
一五〇六（永正三）			加賀・越中・能登の一向宗徒が守護の兵と戦った（宣胤卿記）	一五四三　鉄砲が種子島に伝来する
一五二九（享禄二）			東福寺の衆徒が稲荷社神人と戦った（御湯殿上日記）	一五六八　信長入洛
一五三二（天文元）	興福寺の衆徒が大和の一向宗徒と争った（二水記）			一五七三　室町幕府滅亡
一五三六（天文五）		叡山の大衆が幕府へ訴えて、日蓮宗を弾圧せんとして失敗し、京の日蓮宗の寺を焼いた（天文日記）		一五七六　信長が石山本願寺を攻撃
一五七一（元亀二）		信長が比叡山を焼き討ちした（信長公記）		一五七七　信長が紀伊雑賀衆を攻める
一五七五（天正三）			信長が越前の一向宗徒を攻めて勝つ（多聞院日記）	一五七九　安土宗論
				一五八〇　石山本願寺屈服
				一五八二　本能寺で信長

一五八五（天正一三）			秀吉が根来寺を焼く（太閤記）	死す 一五八五　秀吉が関白となる

あとがき

本書をまとめる話が具体化してから、早くも三年の歳月が流れた。僧兵の真実は何かを求めて、従来集めていた史料のほかに、新しい資料を求めて国会図書館・滋賀県立図書館・東京国立博物館などを訪れた。その際、大変お世話になった関係者のかたがたに厚くお礼申しあげる。古書店もずいぶん歩いた。類書の少ない僧兵の本ということで、半歩たりとも先学の著書より前進したいと苦心した。辿りついた私の僧兵史は、乱暴狼藉をはたらいたという悪僧のイメージを少しでも変えることであった。わが国の民衆史のなかで、采女《うねめ》・下級武士・民間芸能人・遊女・農民・町衆などの生きざまが系統づけられつつある今、僧兵も、はっきりと位置づけたいと思う。本書がなんらかのお役に立てば幸いである。

執筆にあたり、『平家物語』『太平記』などは岩波古典文学大系により、『源平盛衰記』は帝国文庫を使った。『群書類従』『国史大系』などの原漢文からの引用は筆者が要約した。参考にさせていただいた著書や論文は実に多く、学恩に深謝したい。表記では、春日社・日吉社などを歴史的用法に従い、多武「峯」などは「峰」と通例に改めた。終わりに、本書が世にでるため格別の尽力をいただいた三省堂の澤野亮一・本岡弘毅氏に心からお礼を申しあげる。

一九八四年六月

著者しるす

補　論

滅んだ僧兵の行方

僧兵研究のその後の進展はないが、ぜひ、究明しておきたいのは消滅後の僧兵の行方である。つまり、僧兵には優劣色々いたが、人生は生きるテーマをつかむ事が第一だから、失業後に選んだ道を知りたい。『源平盛衰記』には、白河法皇が山法師の強訴に対して、「賀茂川の水、双六の賽、山法師是ぞ朕が心に随わぬ者」と嘆かれた三不如意の伝承は有名で、比叡山の僧兵は悪僧の印象が強い。山法師即ち比叡山の僧兵は、「暴言を吐き、罵倒恐喝」の悪僧とされていた。しかし、強訴は熊野の大衆が永保二年（一〇八二）にすでに行っていたし、興福寺の大衆は寛治七年（一〇九三）に行っていて、山徒は日吉や祇園の神輿を奉じて長治二年（一一〇五）に強訴した記録が最初である。そして強訴の集団は即僧兵ではなく、その都度、学生・堂衆、その他、荘園の農業従事者から集められた。だから、僧兵即悪僧ではない。村山修一著『比叡山史』（東京美術　一九九四）に「僧兵や悪僧は学生や堂衆から出た」と区別して述べられ、「悪僧の風体は頭を裹み、眼だけ出し、刀杖をたずさえ下駄をつっかけ、所かまわず侵入し、暴言を吐き、乱暴狼藉」を働いたとある。叡山では「跳梁収まることなき」

者に対しては傘一本を与え、坂本の日吉参道横の小川にそった不浄道と言われる細道を通って山から追放した。

また、叡山の僧兵は中興の慈恵大師良源が創設したとの伝承があるが、すでに大宝律令に「僧尼の行動」に対し二十七条を制定し「殺人・奸盗・擾乱等を禁ず」とあり、『日本三代実録』には貞観八年（八六六）に「僧侶の飲酒贈物を禁じ、破戒濫行を制す」とある。また、『扶桑略記』には、寛平六年（八九三）に新羅の賊が対馬を侵したとき対馬島分寺（国分寺）の「上座面均」が兵を率いて戦ったとあり、良源以前にすでに僧兵は存在していた。良源は天禄元年（九七〇）に僧兵の乱暴狼藉を禁じた「二十六箇条制式」を定めた。その史料が京都の蘆山寺に現存していて、「第十八条　裹頭妨法の者を禁ずべき事」「第十九条　兵杖を持って僧房に出入し、山上を往来する者を尋ね捕えて官庁に進む事」などとある。

僧兵の出所を調べると、南都の僧兵は野武士あがりや、市井の無頼、さらに貧農の子弟が寺に入り、東大寺では「奴」、興福寺では「雑人」と言われたが、その者たちの一部が僧兵にかり出されたと考えられる。

比叡山では上方・中方・山徒の三階級があり、上方は貴族出身が多く学生・学匠らで、中方は堂衆で課役を逃れ寺に入った農民出身が多く、堂舎の法務・法儀の運営などを行い、一部の者は荘園の労働力にもなった。山徒は貧困家庭の出身で、雑務や警備をしていた。

また、坂本の里坊は山上の生活が困難となった高齢の高僧達の為の宿坊で、小僧が付添って高僧の介護をしながら、山上生活の物資の調達をしていたから、山上への運搬などに堂衆や山徒が当っていた。これらを考えると、秀吉によって壊滅した僧兵の行方は、とりあえず出所へ戻ったと考えるのが妥当であろう。堂衆や山徒は結婚者もいたから生活があった。ここでは，智恵ある失業僧兵の行方を考える。

穴太衆へ合流

叡山では山上や山下の堂塔や里坊に、りっぱな石垣があり、穴太積みと言われ、観光名所になっている。大津市滋賀里の百穴古墳の時代に、渡来人が優れた石工の技術を伝えたので、多くの古墳が造られたが、その工法を伝えた末流を穴太衆という。延暦寺の堂塔や里坊の見事な石垣は穴太衆が造成した。「穴太積み」と言う。大小の野面石を自由に使い、積み上げた石垣の高低に応じて、「ごぼう積み」とも言われる、奥行の長い石を使うので、穴太積みは頑丈で知られる石垣だから、高く評価された。大津市坂本の滋賀院門跡の東面の石垣は感歎に値する見事な景観である。従ってこの穴太衆の優れた石工の技術が高く買われて、天文年間の近江の観音寺城や、天正四年（一五七六）の安土城の石垣を始め、中世末から近世初頭にかけての諸国の築城ブームに際し、伏見城・篠山城・名古屋城・小倉城・金沢城・和歌山城・伊賀上野城・熊本城・彦根城など、穴太積みが採用された。従って石工職人が急増したから、前々から延暦寺山内の石垣工事を手伝ってきた堂衆たちや、堂衆に戻った僧兵が穴太衆に合流して各地の城の石垣作りに参加したと思われる。

荘園労働に帰農

荘園の労働力として帰農した僧兵もいた。荘園については、永原慶二著『荘園』(評論社　一九七八)、阿部猛著『日本荘園史』(大原新生社　一九七二)、工藤敬一著『荘園の人々』(教育社　一九七八)、中村研著『中世惣村史の研究』(法政大学出版局　一九八四)などに詳しい。平安末期に東寺供僧の支配下にあった若狭国太良荘の「申状」には「僧実円・僧禅勝」とあるから、荘園成立当時から、社寺と深い関係にあったので、荘園を僧侶や神人が管理していた。

滋賀県湖東の山門領は比叡山東塔東谷仏頂尾の堂衆の管理下にあったので、横川で修行中の徳珍(得珍)が派遣された。東近江のほぼ中心の玉緒に妙應寺を建て、農業の開発、増産の指導や、道路・架橋・河川の改修などにもリーダーの役割を果していたから、徳珍に従った僧兵帰農者もいたと考える。徳珍の管理下は得珍保内十三郷という。旧玉緒村の上大森・下大森・尻無・下二俣・柴原南・芝原、旧中野村の中野・今堀・今崎(今在家)・小今(小今在家)、旧八日市町の金屋、旧市辺村の蛇溝・東市辺(東破塚)の十三の大字が保内郷である。全国的に見て近畿の先進地域であった。『中世惣村史の研究』には「天文十八年(一五四九)に守護六角氏が城下町石寺の新市における楽市を保内商人に命じた」とあり、天正五年(一五七七)には安土山下に「楽市楽座」が許されて繁盛したが、石寺地区の小字名に「保内」とあって、保内商人が偲ばれる。

東近江市の『今堀日吉神社文書』（重要文化財）によると、保内郷の惣村の事情が詳しく解るが、中でも保内商業を統括した保内商人の活躍が出色である。得珍保内の農産物が過剰に収獲できると、物々交換の市場を開いた。野々郷の「惣村」の記録には、「楽市」を行ったとある。また、天文十八年（一五四九）の「枝村惣中」に与えた佐々木六角定頼の「執達状」にも「楽市」を許すとあり、応永三年（一三九六）や、天文十九年（一五五〇）の文書にも「楽市」とあるから、小和田哲男静岡大学名誉教授の論稿には、「楽市」の最古の出典は今堀日吉神社文書であると述べられた。今堀日吉神社文書によると、延暦寺が特権を与えたので、「中世の座商業」が発達し、保内郷を取り巻く地域からめざましく活躍した商人が続出した。即ち四本商人と言われる得珍保内商人を含む野々郷商人・石塔商人・小幡商人・沓掛商人たちである。得珍グループの活躍をつぶさに検討すると、座商業の纏め方や未開領域への進出ぶりは、じつに叡山の大衆詮議の纏め方や強訴の統率力によく似ている。この地域から近世に全国的に活躍する近江商人が続出したが、詳しくは、拙著『近江商人』（教育社　一九八〇）を見て頂きたい。

修験道の行者

修験道は日本古来の山岳信仰に神道・仏教・儒教・道教が入り交って、山伏・修験者が中心の宗教形態である。山岳崇拝は印度・中国にもあり、宗教は大自然の崇高な景観に畏敬の念を抱いた古代人の崇拝に始まったという。平安時代に比叡山や高野山で、密教が盛んになり、叡山では相応和尚が千日回峰行を始めたし、役小角は大峰山を開いた。いずれも現代に続いている。醍醐三宝院の聖宝の勧めで、山岳修行者が急増し、験力を修めた行者の加持祈禱に人気が集った。天台の三井寺末聖護院を本寺とした熊野三山は、蟻の熊野詣でと言われるほどの賑わいとなった。山伏の十二道具を身につけた廻国修験者も現れて、弊害も出たので、江戸幕府は天台と真言の二つに統一し、それ以外の廻国修験を禁止した。そのため、行者は町村に定着して加持祈禱をした。和歌森太郎著『山伏』（中央新書一九六四）には「山伏は宗教的呪術師であったのみならず、芸能の導入者であり、演出家であり、また、医者」でもあったから、地方庶民の相談役となり、一面薄気味悪い存在ながら、他面尊敬されてもいたとある。だから、修験道は現代に続いている。この修験道に僧兵が流れたのではないかと考える。比叡山から三井寺・石山寺・岩間山を経て醍醐への険しい山道は修験者や僧兵が屡々通っていて、互に交流していたとの伝承もある。

忍者へ参加

修験と共通点の多い忍者は漫画や少年雑誌などで、黒覆面姿で、「九字を結んでドロンと姿を消す」猿飛佐助や、山田風太郎のベストセラーの『甲賀忍法帖』などや、お色気の「くノ一」も登場する忍法シリーズで有名。義経の生涯を守った忍者姿に似た弁慶の僧兵姿は広く知られている。忍者は伊賀流と甲賀流が代表格で、根来流・雑賀流・武田流などの諸流があった。甲賀市竜法師の甲賀武士五三家の一つである「甲賀流忍者屋敷望月氏本家」は開放され、近くの「甲賀の里　忍術村」には甲賀忍術博物館もあり、どちらも観光客の人気を呼んでいる。

忍者の起源は古く、中国の兵書『孫子』には「間諜（スパイ）を活用」とある。日本では修験道に源流を求める説が有力で、甲賀忍者は修験道の飯道山で修行し、義経は鞍馬で修験の僧兵から八艘飛びなどの秘術を学んだと伝える。忍者の事を詳しく知るためには山口正之著『忍者の生活』（雄山閣一九六三）や、石川正知著『忍の里の記録』（翠楊社　一九八二）などを参考にされたいが、修験者から特殊な秘術を身につけられ、戦争のときに、敵地や敵陣に潜り、動静や機密を探った。延宝四年（一六七六）成立の『万川集海』（国書刊行会　二〇一九）は忍術の四九流の集大成であるが、修行方法を読むと、僧兵の修行や活動とよく似ている。戦国の武将は競って忍者を使った。織田・豊臣も引き継いだ。とくに関ヶ原の合戦で、すばらしい活躍をしたので、家康は江戸の青山へ移住させ、鉄砲組に編入し、甲賀百人組として江戸城大手門の警備に当たらせた。家康と甲賀忍者の関係は「甲賀古体之由来」にも書いてある。根来衆も鉄砲組になっている。これらを総合すると、失業僧兵が忍者と行動を共にしたのではないかと考えられる。

木地師の仲間

全国各地の山村にいたという木地師は木地屋ともいうが、とち・ぶな・けやきなどの良材を求めて、山から山へ移住しながら、木を切って粗挽きや、轆轤で椀や盆など木彫の木地を作る山民的職人である。山に材料が無くなると、別の山に移った。

東近江市の旧永源寺町の小椋谷の蛭谷や君ヶ畑には、文徳天皇第一皇子の惟喬親王が第四皇子（清和天皇）との皇位継承争いを避けて、各地を転々とされ、晩年は京都大原三千院に近い小野で過ごされたのか御陵もあるが、小椋谷でも亡くなったとの伝承があり、この地で轆轤の技術を教え木地師の祖に成られたという。一時は筒井千軒と言われるほど木地師が居たという。筒井峠の筒井八幡宮の跡には惟喬親王像がある。蛭谷の筒井公文所のあった筒井神社（帰雲庵）や、君ヶ畑の高松御所と言われた金竜寺（大皇器地祖神社）には、厖大な木地師文書がある。内容は縁起・綸旨・免状などで、近世の木地師支配制度の実態がよく解る文書である。渡邊守順監修の『永源寺町史』木地師編上下二冊に、町内のすべての木地師関係文書を収録した。A五判一六九三頁に及ぶ。とくに上巻の「蛭谷氏子駈帳」や、下巻の「君ヶ畑氏子狩帳」によると、神人や僧侶が二〜三年おきに各地の木地師村を訪ね免状を与えたり、地元や木地師同士のトラブルの解決などを行った記録である。僧兵の廻国や開拓のやり方に似ているから、合流したと推定される。

甲良大工に協力

木地師と同じ材木を扱う甲良大工は僧兵とかなり離れた存在だが、じつは、甲良氏は滋賀県甲良町の旧法養寺村の出身で、その代表挌の甲良豊後守宗広は、江戸初頭に幕府の作事方となり、日光東照宮の造営に従事したのである。甲良氏は近江源氏佐々木京極氏の末裔と伝え、織田信長に仕えて、安土城築城に参加し、豊臣に仕えて大坂城や、伏見城の建設にも参加していた。宗弘は若き日に京都の建仁寺流の工匠を志していたから、京都吉田神社の造営にも参加した。豊臣の家臣時代には、家康の配下だったので、慶長九年（一六〇四）に一族と共に江戸に下り幕府に仕えた。甲良大工は京の建仁寺流なので、神社仏閣、とくに唐様建築に優れていたから、近江の百済寺の本堂や甲良神社本殿などを手がけていた。恐らく大津市坂本の東照宮（重要文化財）も甲良大工の建築と考えられ、山の堂衆（僧兵）や山徒も参加していた。天海大僧正は徳川家康の帰依を受け、幕府の顧問的存在で、秀忠・家光の信任を得ており、日光東照宮の企画提案者でもあったから、坂本東照宮を見て、甲良大工の力量を認め、甲良宗広を日光東照宮造営の大棟梁に推薦した。そのとき失業僧兵たちも従ったと考えられる。そして、日光の工事が終ると、東照宮に隣接の天台宗日光輪王寺へ入ったであろう。

以上はいずれも史料の検索をしないまま、周辺事情からの危険な推理でしかないが、このほか考えられるのは、滋賀県甲良町の湖東三山で知られる国宝の寺、天台宗西明寺の開基三修上人は日本で始めて空を飛んだので、飛行上人とも言われているが、三修上人は日本百名山の伊吹山に伊吹山寺を建てて、修験の山にした。伊吹山寺は早く滅んだけれど、西明寺へは失業僧兵が身を寄せたであろう。伊吹山寺は近年、天台の寺が複興された。西明寺と並ぶ湖東三山の天台宗百済寺の史料には「力者」がいたとあり、寺の雑務のほか、渡来人の愛知秦氏が開発した近江盆地の山門領の広大な田畑の経営にも従っていて、日本で最古かと言われる味噌や醬油の醸造をしたという。失業僧兵の参加が考えられる。

また、紀伊半島南部から伊勢湾にかけて、勢力のあった中小武士団の連合が熊野水軍を設け、熊野三山と深く関係した。熊野三山は初め諸宗が管理したが、のち、天台宗だけとなって、熊野那智大社と那智山青岸渡寺の神仏習合の修験の山となり、蟻の熊野詣でと言われるほど、熊野信仰は盛況だったから、失業僧兵が身を寄せていた可能性が強い。紀伊半島の根来寺の僧兵も根来塗（廃絶後会津・輪島へ、近年復活）で有名な漆器工に参加したという。また、東北の羽黒三山も修験の山で、近くの通称山寺も天台宗の慈覚大師円仁開基の立石寺なので、僧兵が流れたと考えられる。

（二〇一六・七・二〇記）

本書の原本は、一九八四年に三省堂より刊行されました。

著書略歴
一九二五年　滋賀県に生まれる
一九四七年　大正大学文学部卒業
　　　　　　滋賀県内の中学・高校教諭、叡山学院教授、四天王寺国際仏教大学教授を経て
現在　叡山学院名誉教授、四天王寺大学名誉教授
〔主要著書〕『滋賀県の歴史』（共著、山川出版社、一九七三年）、『伝教大師最澄のこころと生涯』（雄山閣出版、一九七七年）、『日本天台史』（共著、叡山学院、一九九六年）、『比叡山延暦寺―世界文化遺産』（吉川弘文館、一九九八年）、『万葉集の時代』（教育社、二〇〇〇年）、『仏教文学の叡山仏教』（和泉書院、二〇〇五年）

読みなおす日本史

僧兵盛衰記

二〇一七年（平成二十九）一月一日　第一刷発行

著　者　渡《わた》辺《なべ》守《しゅ》順《じゅん》
発行者　吉川道郎
発行所　株式会社 吉川弘文館
郵便番号一一三―〇〇三三
東京都文京区本郷七丁目二番八号
電話〇三―三八一三―九一五一〈代表〉
振替口座〇〇一〇〇―五―二四四
http://www.yoshikawa-k.co.jp/
組版＝株式会社キャップス
印刷＝藤原印刷株式会社
製本＝ナショナル製本協同組合
装幀＝渡邉雄哉

ISBN978-4-642-06721-8

読みなおす日本史

刊行のことば

現代社会では、膨大な数の新刊図書が日々書店に並んでいます。昨今の電子書籍を含めますと、一人の読者が書名すら目にすることができないほどとなっています。ましてや、数年以前に刊行された本は書店の店頭に並ぶことも少なく、良書でありながらめぐり会うことのできない例は、日常的なことになっています。

人文書、とりわけ小社が専門とする歴史書におきましても、広く学界共通の財産として参照されるべきものとなっているにもかかわらず、その多くが現在では市場に出回らず入手、講読に時間と手間がかかるようになってしまっています。歴史の面白さを伝える図書を、読者の手元に届けることができないことは、歴史書出版の一翼を担う小社としても遺憾とするところです。

そこで、良書の発掘を通して、読者と図書をめぐる豊かな関係に寄与すべく、シリーズ「読みなおす日本史」を刊行いたします。本シリーズは、既刊の日本史関係書のなかから、研究の進展に今も寄与し続けているとともに、現在も広く読者に訴える力を有している良書を精選し順次定期的に刊行するものです。これらの知の文化遺産が、ゆるぎない視点からことの本質を説き続ける、確かな水先案内として迎えられることを切に願ってやみません。

二〇一二年四月

吉川弘文館

読みなおす日本史

富士山宝永大爆発 永原慶二著 二二〇〇円

比叡山と高野山 景山春樹著 二二〇〇円

日蓮 殉教の如来使 田村芳朗著 二二〇〇円

伊達騒動と原田甲斐 小林清治著 二二〇〇円

地理から見た信長・秀吉・家康の戦略 足利健亮著 二二〇〇円

神々の系譜 日本神話の謎 松前健著 二四〇〇円

古代日本と北の海みち 新野直吉著 二二〇〇円

白鳥になった皇子 古事記 直木孝次郎著 二二〇〇円

島国の原像 水野正好著 二四〇〇円

入道殿下の物語 大鏡 益田宗著 二二〇〇円

中世京都と祇園祭 疫病と都市の生活 脇田晴子著 二二〇〇円

吉野の霧 太平記 桜井好朗著 二二〇〇円

日本海海戦の真実 野村實著 二二〇〇円

古代の恋愛生活 万葉集の恋歌を読む 古橋信孝著 二四〇〇円

木曽義仲 下出積與著 二二〇〇円

足利義政と東山文化 河合正治著 二二〇〇円

僧兵盛衰記 渡辺守順著 二二〇〇円

朝倉氏と戦国村一乗谷 松原信之著 （続刊）

本居宣長 芳賀登著 （続刊）

角倉素庵 林屋辰三郎著 （続刊）

吉川弘文館

（価格は税別）